미래를 지켜 줘

혹시 나도 가스라이팅?

작은 씨앗 큰 나눔 - 가스라이팅

미래를 지켜 줘

초판 1쇄 인쇄 2023년 11월 10일
초판 1쇄 발행 2023년 11월 15일

지은이 조경희
그린이 이은주
펴낸이 구모니카
디자인 양선애
마케팅 신진섭
펴낸곳 M&K
등록 제7-292호 2005년 1월 13일
주소 경기도 고양시 일산서구 고양대로 255번길 45, 903동 1503호(대화동, 대화마을)
전화 02-323-4610
팩스 0303-3130-4610
E-mail sjs4948@hanmail.net

ISBN 979-11-91527-66-7 74810
    979-11-87153-00-9 (세트)

※ 정가는 뒤표지에 있습니다. 잘못된 책은 바꾸어 드립니다.

이 도서는 한국출판문화산업진흥원의 '2023 중소출판사 출판콘텐츠 창작 지원 사업'의 일환으로 국민체육진흥기금을 지원받아 제작되었습니다.

미래를 지켜 줘
혹시 나도 가스라이팅?

조경희 글 | 이은주 그림

엠앤키즈

머리말

혹시 '가스라이팅'이라고 들어 봤나요? 몇 해 전부터 신문, 라디오, 잡지, 텔레비전, 인터넷, 유튜브 등에서 자주 등장하는 말이지요. 가스라이팅이 무엇이기에 사람들이 이토록 많은 관심을 갖는 걸까요?

가스라이팅은 〈가스등(Gas Light)〉이라는 연극에서 생겨난 말이에요. 상대방의 상황과 마음 상태를 교묘하게 이용해 조종하고 지배하려는 행위를 말하지요. 가스라이팅을 당하는 사람은 점점 판단 능력을 잃어서 상대방이 이상한 말을 하거나, 무리한 부탁을 하거나, 심지어 돈과 물건을 빼앗아도 전혀 의심하지 않고 따르게 된답니다.

가스라이팅은 친구, 선생님, 가족 등 모든 인간관계에서 일어날 수 있어요. 그러므로 누구나 가스라이팅의 피해를 입을 수 있지요. 가스라이팅의 피해를 입으면 심각한 우울증이나 불안 장애에 시달릴 수 있어요. 하지만 더 큰 문제는 자신이 가스라이팅을 당하고 있다는 사실을 알아차리지 못한다는 점이에요.

가스라이팅의 피해를 막으려면 올바르게 알아야 해요. 가스라이팅이 무엇인지 알아야 내가 가스라이팅 피해를 당하는지, 혹시 내가 가스라이팅으로 상대방을 괴롭히고 있는 것은 아닌지 돌아볼 수 있으니까요.

이 책에는 가스라이팅이 무엇인지, 어떠한 과정을 통해 가스라이팅이 이루어지는지, 가스라이팅에서 벗어나기 위해 어떤 노력을 해야 하는지 등등 가스라이팅에 대한 많은 이야기가 담겨 있어요.

 피치 못할 사정으로 갑작스레 전학을 간 나미래. 새 학교에서 아무도 거들떠보지 않는 찬밥 신세가 된 미래에게 다가온 최유나. 미래는 유나에게 고마움을 느끼고 유나가 요구하는 일들을 모두 들어주지만 시간이 흐를수록 유나의 기분과 눈치를 살피게 되고, 자꾸만 '미안해!'라는 사과의 말을 하고, 필통 하나를 고르는데도 유나의 결정을 따라요.

 유나는 아이들 앞에서 미래를 웃음거리로 만들고, 거센 비난을 퍼붓고, 심지어 잘못은 자기가 해놓고도 미래에게 사과하게 만들어요. 그런데도 미래는 "자꾸 미안하다고 말해서 미안해." 하고 사과를 하지요. 그렇게 미래는 점점 판단력과 자존감을 잃고 유나에게 의존하게 돼요.

 물론 유나 역시 자신이 한 말과 행동이 가스라이팅이라는 건 정확히 몰랐을 수 있어요. 하지만 아무리 몰라서 저지른 행동일지라도 가스라이팅은 상대방을 괴롭히고 정신까지 파괴할 수 있는 심각한 문제 행동임을 여러분은 알아야 해요.

 부디 이 책을 읽는 여러분이 은밀하고 교묘한 가스라이팅의 심각성을 깨닫고, 누군가에게 지배당하지도 않고, 누군가를 괴롭히지도 않는, 보다 건강하고 행복한 세상에서 꿈꾸고 성장하길 바랍니다.

조경희

 **차례**

머리말 • 4

피치 못할 사정 • 8

미지수 x의 값을 구하시오 • 19

미래, 아직도 꿈나라? • 27

핑퐁, 핑퐁, 핑퐁 • 39

하나, 둘, 셋, 찰칵! • 49

최유나 님이 '우리 반 전학생' 님을 초대하였습니다 • 58

사소하지만, 결코 사소하지 않은 • 68

초인종을 누를까 말까? • 73

그냥 좀 운이 나빴다고 생각해 • 82

자꾸 미안하다고 말해서 미안해 • 92

낯선 불청객 • 102

차라리 복잡하고 어려운 수학 문제라면 좋겠다 • 111

벼랑 끝으로 내몰린 것 같은 기분 • 122

고장 난 브레이크처럼 • 132

예민하고, 집요하고, 무책임한 애 • 145

지나간 시간이여, 안녕! • 154

피치 못할 사정

 원래대로라면 나는 지금 큰별초등학교 5학년 1반 교실에서 삼총사와 수다를 떨고 있어야 했다. 삼총사는 오수아, 박현주 그리고 나 '나미래'를 말한다. 우리 셋은 쉬는 시간은 물론이고 화장실, 점심시간, 학원까지 똘똘 뭉쳐 다닌다.
 하지만 나는 '피치 못할 사정'으로 인해 큰별초등학교가 아닌 어둥초등학교 교무실 복도에 서 있다. 복도를 지나쳐 가는 아이들과 교무실을 바쁘게 오가는 선생님들……. 누구 하나 나에게 눈길을 주는 사람이 없다.
 내 기억이 맞는다면 '피치 못할 사정'은 화요일날 생겼다. 수학 학원을 마치고 집에 돌아와 현관문을 열었을 때였다. 바닥에는 깨진 머그잔 조각이 흩어져 있고, 벽에는 흘러내린 커피 얼룩이 말라붙어 있었다. 집안 공기가 어수선하면서 무겁게 가라앉은 느낌이었다.

"왔니?"

평소와 다르게 아빠가 집에 있었다. 제약 회사 영업부에서 일하는 아빠는 항상 퇴근이 늦었다. 거래처 사장님을 만난다며 내가 깊이 잠든 이후에나 집에 들어왔다. 아빠가 말하는 거래처 사장님은 대부분 의사나 약사였는데 아빠는 거래처 사장님을 왕처럼 떠받들었다. 사장님들이 퇴근하길 기다렸다 영업을 하니 한밤중에 들어올 수밖에 없다는 것이다. 게다가 아빠는 다음 날 아침 일찍 출근했기 때문에 나와 얼굴 마주치는 일이 거의 없었다.

아빠는 토요일과 일요일에도 등산과 낚시 동호회를 핑계로 집을 나섰다. 거래처 사장님들과 하는 동호회라 영업 전략상 빠질 수가 없다는 것이다. 토요일 새벽 4시에 등산 가방을 메고 집을 나간 아빠는 일요일 저녁 7시가 지나서 낚시 가방을 메고 들어왔다. 그래서 아빠의 얼굴을 보는 건 무척 오랜만이었다. 아빠는 양복 차림이었는데 평소의 말끔하던 모습과는 다르게 머리카락이 헝클어지고 넥타이는 느슨하게 풀려 있었다. 헝클어진 머리카락 사이로 듬성듬성 흰머리가 보이고, 이마에는 깊은 주름이 자리 잡고 있었다.

신발을 벗고 거실로 들어서자, 아빠가 나를 와락 끌어안았다.

"미래야, 미안해!"

아빠가 너무 세게 끌어안아서 숨 쉬기가 힘들었다.

"뭐가?"

아빠의 품에서 벗어나려 몸을 비틀면서 물었다.

"그냥 다 미안해!"

"무슨 일 있어?"

"……."

대답 대신 아빠가 고개를 떨어뜨렸다. 아무래도 아빠에게 큰 문제가 생긴 모양이었다. 실직, 빚보증, 압류, 불법 의약품 판매, 뇌물 수수, 공금 횡령……. 뉴스에서 들었던 제약 회사와 관련된 온갖 안 좋은 사건과 사고들이 머릿속을 휘젓기 시작했다. 아빠가 긴 한숨을 내쉬었다. 그러더니 한껏 차분해진 목소리로 담담하게 말했다.

"너랑 나랑 당분간 다른 곳에서 지내야 할 것 같아."

'너랑 나랑'이라니? 나는 망치로 뒤통수를 세게 얻어맞은 것처럼 멍했다. 놀라서 입도 뻥끗 못 하고 아빠의 얼굴만 멀뚱멀뚱 바라보았다. 우리 집이 아닌 다른 곳에서 엄마도 아니고 아빠와 단둘이? 가슴이 벌렁거렸다. 아무래도 깊은 수렁에 빠진 것 같았다.

인생이 마음먹은 대로만 흘러가지 않는다는 것쯤은 나도 안다. 열두 해를 살아오는 동안 예상 밖의 일들을 수도 없이 겪어 왔으니까. 내 몸 구석구석에는 예상 밖의 일들, 그러니까 넘어지고, 깨지고, 떨어지고, 찢어지고, 데이고, 부딪힐 때마다 생긴 흉터들이 훈장처럼 남아 있다. 세월이 흐르면서 점점 희미해지다가 흔적도 없이 사라진 흉터까지 합하면 백 개도 거뜬히 넘을 것이다. 가까스로 정신을 차린 나는 입술을 달싹거렸다.

"내가 왜?"

머릿속을 샅샅이 뒤졌지만, 집에서 쫓겨날 만큼 큰 잘못을 저지른 일이 없었다.

"엄마가 너 데리고 당장 나가래."

잘못 들은 것은 아닌지 내 귀가 의심됐다.

"당장?"

놀란 눈을 하고 아빠를 향해 되물었다.

"간단한 짐만 챙겨서 오늘 당장……."

아빠는 차마 말을 끝맺지 못했다. 나는 충격과 슬픔에 잠겨 침묵했다. 어떻게 나에게 의논 한마디 없이 이런 엄청난 결정을 내릴 수가 있지? 아빠와 엄마, 두 사람 모두에게 화가 났다. 억울하고 울고 싶었다. 터지기 직전의 폭탄을 끌어안고 있는 것 같았다.

"피치 못할 사정이 생겨서……."

아빠는 또 말끝을 흐렸다. 몸과 마음과 영혼이 완전히 무너진 사람처럼 보였다. 그래서인지 아빠에게는 나를 이해시키려는 의지조차 없어 보였다. 그저 피치 못할 사정이라는 말로 얼버무렸다. 그 말이 이 모든 상황을 해명할 수 있는 마스터키라도 되는 것처럼.

"도대체 피치 못할 사정이란 게 뭔데?"

답답한 마음에 나도 모르게 목소리가 커졌다. 하지만 아빠는 아무 말도 듣지 못한 사람처럼 안방으로 들어가 버렸다. 비겁하게.

딸깍! 거실에 불이 켜졌다. 바늘로 찌르는 것처럼 눈이 따끔거렸다. 아빠의 모습이 보였다. 얼마만큼의 시간이 흘렀는지는 몰라도 아빠의 등 뒤로 보이는 창밖 풍경이 어느새 검은색 물감을 풀어놓은 것처럼 어두컴컴했다.
"엄마가 나중에 우리 물건 챙겨서 보내 주기로 했으니까 당장 필요한 물건만 챙겨."

아빠는 커다란 캐리어를 거실 한가운데에 놓아두고 다시 안방으로 모습을 감췄다. 이미 답이 정해진 모양이었다. 엄마가 집에 있었다면 따지기라도 했을 텐데……. 시험 문제를 풀 때처럼 다섯 개의 선택지까지는 바라지도 않는다. 최소한 엄마와 아빠 중에 누구와 살지 물어보기라도 해야 하는 것 아닌가?

도대체 내가 무슨 잘못을 한 걸까? 며칠 전에 본 중간고사 시험 성적이 떨어져서? 값비싼 헤드셋을 사 달라고 졸라서? 용돈 올려 달라고 떼를 써서? 제발 나한테 관심 좀 꺼 달라고 소리를 질러서? 엄마가 내 방에 들어오지 못하게 방문을 걸어 잠가서? 이유 없이 온갖 짜증을 부려서? 생각이 꼬리에 꼬리를 물고 계속 이어졌다.

이대로 영원히 엄마와 헤어지면 어쩌지? 죽을 때까지 엄마 얼굴을 못 보게 되는 거면 어떻게 해? 혹시 내가 엄마가 낳은 딸이 아닌 걸까? 그래서 이렇게 쉽게 나를 버리는 걸까? 머리가 터질 것 같았다.

나 혼자 결정할 수 있는 것이 아무것도 없었다. 결국 나는 아빠를 따라서 밤 기차를 탔다.

우리 열차는 목포역까지 가는
고속 열차입니다.

자리에 앉자 안내 방송이 흘러나왔다. 가는 도중에 내릴 것인지, 종착역인 목포역까지 가게 될 것인지 알 수 없었다. 아빠 손에 있는 열차표를 보면 알 수 있겠지만 그곳으로는 눈길조차 주지 않았다. 집을 나오면서 앞으로 아빠와 눈도 마주치지 않고 말도 섞지 않겠다고 마음먹었기 때문이다.

나는 스마트폰 검색창에 '피치 못하다'를 입력했다. 도무지 그 말이 이해가 되지 않았기 때문이다.

'피하지 못하다'에서 '피하지'를 '피치'로 줄인 형태로
'어쩔 수 없다'라는 의미입니다.

'피치 못하다'에 대한 뜻풀이가 화면에 떴다. 쳇! 어쩔 수 없다고 하면 그만인가? 피치 못할 사정에 의해서라고 하지만, 분명히 아빠가 원인 제공을 했을 것이다. 아빠의 딸이라는 이유로 1+1 행사 상품처럼 덤으로 묶여서 쫓겨나는 것이 억울했다. 엄마는 내가 자신의 딸이기도 하다는 사실을 까맣게 잊은 것일까?

어쩌면 엄마는 지금 욕쟁이 할머니 집에 있을지도 모른다. 욕쟁이 할머니는 엄마의 엄마다. 엄마 앞에서는 '외할머니'라는 점잖은 호칭을 사용하지만, 마음속으로는 욕쟁이 할머니라고 부른다. 항상 입에 욕을 달고 살기 때문이다.

"빌어먹을, 오사할, 육시할……."

욕쟁이 할머니는 누가 듣든지 말든지 상관없이 마음에

들지 않는 사람이 있으면 무조건 욕을 한다. 할머니한테 잘못 찍힌 사람은 '빌어먹을' 사람이다. 남에게 구걸해 먹고 산다는 의미인데, 이건 비교적 수위가 약한 욕에 속한다. 그러고도 할머니의 분이 안 풀리면 상대방은 '오사할' 사람이다. 나쁜 일이 생겨 제 목숨만큼 살지 못하고 죽는단다. 그러고도 할머니의 분이 안 풀리면 '육시할'로 끝장을 본다. '육시할'은 이미 죽은 사람의 목을 다시 베는 형벌을 뜻한다. 나는 가끔 할머니가 뜻을 알고 욕을 하는 것인지 궁금할 때가 있다. 아마 모르고 하는 것 같다. 뜻을 안다면 함부로 상대방에게 그런 심한 말을 할 수 없을 것 같기 때문이다.

할머니는 한 사람이 잘못을 해도 그 주변 사람은 물론이고, 사돈의 팔촌까지 싸잡아서 욕설을 퍼부어 댄다. 어쩌면 아빠는 자신도 모르는 사이에 욕쟁이 할머니로부터 욕을 배 터지게 얻어먹고 있는지도 모른다.

곁눈질로 힐끔 보니 녹초가 된 아빠는 늘어난 고무줄처럼 의자에 축 처져 있었다. 꾹 닫힌 눈 주위로 눈물 자국이 하얗게 말라붙어 있었다. 그런 아빠의 모습이 집을 잃은 강아지처럼 불쌍해 보였다. 답답하고, 억울하고, 화나고, 불쌍하고…… 어지러웠다. 잘못 탄 열차처럼 내 인생이 전혀 예상하지 못한 방향으로 빠르게 흘러가고 있는 것 같았다.

미지수 X의 값을 구하시오

"띠링!"

아빠의 스마트폰에서 문자 알림이 울렸다. 그 바람에 아빠가 눈을 번쩍 떴다. 나는 아빠와 눈이 마주칠까 봐 얼른 눈을 감고 잠든 척했다. 누구인지는 모르지만, 문자의 주인에게 답장을 보낸 아빠가 내 어깨를 흔들었다.

"다 왔어. 그만 내리자."

아빠와 나는 각자의 짐이 담긴 커다란 캐리어를 챙겨 자리에서 일어났다.

잠시 후 서대전역에 도착하겠습니다.
미리 준비하시기 바랍니다.

안내 방송이 흘러나왔다. 뭐라, 뭐라……. 승무원이 계속 말을 하는데 내 귀에는 '서대전역'이라는 말만 들렸다. 서대전역에서 내린 아빠와 나는 곧바로 택시를 탔다.

"탕, 탕, 탕!"

아빠가 행복약국 셔터 문을 조심스럽게 두들겼다. 한밤중이라 조심한다고 했는데도 아빠의 손길이 닿을 때마다 꾹 닫힌 셔터 문이 비명을 지르듯이 철렁거렸다.

반짝! 행복약국 간판에 불이 들어왔다. 곧이어 입을 벌리듯이 셔터 문이 올라가고, 잠옷 차림의 아줌마가 나타났다.

나는 아줌마를 본 순간, 돌멩이처럼 몸이 굳어 버렸다.

오늘 수학 학원에서 '방정식'에 대해 배웠다. 선생님은 방정식을 쉽게 설명하고자 한자의 뜻풀이부터 설명했다. 방정식은 네모 방(方), 과정 정(程), 법 식(式)이라는 한자를 쓰는데, 알지 못하는 미지수가 들어간 등식을 만든 뒤 등식이 참이 될 수 있는 미지수를 구하는 계산식을 말한다고 했다. 이때 미지수를 네모 방, 즉 네모(□)로 표기한 다음, 풀이를 통해서 □의 값을 구하는 거라고 했다.

"너무 어려워서 무슨 말인지 모르겠어요!"

아이들이 볼멘소리를 했다. 그러자 선생님은 우리들이 1학년 때부터 방정식 문제를 수도 없이 풀어 왔다고 했다. 그럴 리가! 방정식의 '방' 자도 모르고 살아왔는데, 어떻게 수도 없이 풀어 왔다는 거지? 말도 안 된다고 생각했다. 내 머릿속을 들여다보기라도 한 것처럼 선생님이 설명을 시작했다.

"영희가 학교에 사탕을 다섯 개 가지고 왔어. 점심시간이 되자 친구들과 나누어 먹기 위해 영희는 사탕을 꺼냈어. 그런데 사탕이 세 개밖에 없는 거야. 알고 보니 짝꿍 철수가 몰래 몇 개를 먹은 거지. 철수가 몰래 먹은 사탕은 몇 개일까?"

선생님이 아이들을 향해 물었다.

"그야 두 개죠!"

아이들이 입을 모아 대답했다.

"너희들은 방금 방정식 문제를 풀었단다."

선생님이 유쾌하다는 듯이 크게 웃었다. 나를 비롯한 아이들은 어안이 벙벙해져서 아무 말도 못 하고, 선생님의 얼굴만 멀뚱멀뚱 바라보았다.

"조금 전에 선생님이 낸 문제를 식으로 나타내 볼 사람 있니?"

선생님이 아이들을 빙 둘러보며 물었다.

"저요!"

수아가 손을 번쩍 들더니 동시에 스프링처럼 '슝!' 하고 칠판 앞으로 튕겨나갔다. 그야말로 빛의 속도였다. 분필을 쥔 수아는 순식간에 식을 적었다.

$$5 - \square = 3$$

수아가 적은 식은 내가 생각한 것과 같았다. 칠판을 본 아이들은 그제야 알았다는 듯이 '아!' 하고 탄성을 쏟아 냈다. 풀이를 통해서 특정한 □의 값을 구하는 계산 방식이 방정식이라면, 선생님의 말처럼 우리는 1학년 때부터 방정식을 끊임없이 풀어 온 셈이었다. $1 + \square = 10$, $2 + \square = 10$처럼 '10과 짝꿍이 되는 수'를 찾는 것도 방정식이나 마찬가지이기 때문이다.

"중학생 이상이 되면, 방정식에 네모를 사용하지 않고

'엑스(x)'와 같은 문자를 사용한단다. 엑스는 네모와 같은 말이니까 당황하거나 어렵게 생각하지 말도록. 알았지?"

선생님이 아이들을 향해 찡긋 윙크를 했다. 나는 자동으로 수아를 바라보았다. 착각은 자유라지만, 수아는 선생님의 윙크가 자신만을 위한 것인 양 반쯤 넋이 나간 채 히죽히죽 웃고 있었다.

선생님은 방정식에 이어 '미지수'에 대해서도 알려 주었다. 아닐 미(未), 알 지(知), 셀 수(數). 그러니까 미지수란 어떤 값인지 알려지지 않은 수를 가리킨다고 했다.

"다른 알파벳도 많은데, 미지수를 왜 X로 표기해요?"

어려운 내용에 정신을 차릴 수가 없는데도 수아는 놓치지 않고 질문했다.

"별 뜻 없음!"

'모르는 수'를 X로 표기하는 것은 '별 뜻 없음'이라고 선생님이 간단명료하게 대답했다. 간결한 대답에 아이들은 오히려 혼란에 빠졌다. 표정 관리를 어떻게 해야 할지 몰라 서로 눈치를 봤다. 마치 잔뜩 기대에 부풀어 선물 상자를 풀었는데 쓸모없는 물건이 들어 있을 때처럼 김이 빠지는 기분이었다. 미스터리에 쌓인 것 같은 X가 그럴듯하게 보였는데, 별 뜻 없음이라니.

"우아, 멋지다!"

그때 치어리더처럼 수아가 박수를 쳤다. 수학 학원 선생님을 '짝남(짝사랑하는 남자)'으로 생각하는 수아는 어떻게든 수학 선생님한테 잘 보이려고 안달복달했다. 그만큼 수학 성적도 전교 1등 자리를 꿋꿋하게 지키고 있었다. 수아는 자신의 수학 성적을 '아름다운 사랑의 결실'이라며 자랑스러워한다.

그런데도 성적 때문에 수아는 매번 곤욕을 치러야 했다. 수학을 제외한 다른 과목 성적이 최하위권이기 때문이다. 오죽했으면 담임 선생님이 중간고사 시험 성적표를 나누어 주던 날 수아를 교무실로 불러 "오수아, 너는 천재냐? 바보냐? 도대체 네 정체가 뭐냐?"라고 심각하게 물었을 정도다. 그런 선생님을 향해 수아는 "위대한 사랑의 힘!"이라는 말을 남기고 유유히 교무실을 빠져나왔다고 했다.

그 말을 들은 현주와 나는 책상을 두드리면서 배꼽이 빠질 정도로 웃었다. 그 일로 수아가 수학 학원 선생님을 짝

사랑한다는 소문이 학교 전체에 쫙 퍼졌다.

아빠 + X(피치 못할 사정) = 집에서 쫓겨남

아빠가 말한 '피치 못할 사정', 그러니까 미지수 X의 값을 구하기 위해 열차 안에서 나는 생각하고 또 생각했었다. 실직, 빚보증, 압류, 불법 의약품 판매, 뇌물 수수, 공금 횡령…… 그중에 '아줌마'는 없었다. 예상 밖이었다. 미지수로 남아 있던 X의 값, 그러니까 '피치 못할 사정'은 바로 행복약국 아줌마였다.

X = 행복약국 아줌마

아빠가 바람을 피웠다니……. 순간, 내 영혼이 뿌리째 뽑혀 나간 것 같았다.

미래, 아직도 꿈나라?

아침에 눈을 뜬 나는 어제 일이 꿈이길 바랐다. 아니면 유행이 지난 아빠의 우스갯소리이기를 바랐다. 아빠는 나와 마주 앉아 밥을 먹을 때마다 개그에 욕심을 부리고는 했다. 오랜만에 보는 딸과의 어색한 분위기를 의식해서인지, 함께 있어 주지 못한 미안한 마음에서인지 나를 웃게 하려고 노력했다.

예를 들면 이런 식이었다. 밥을 먹기 위해 내가 식탁에 앉으면 "깨가 죽으면 뭐게?"라고 훅 질문을 던진다. 그러고는 곧바로 "주근깨!" 하고 정답을 외친다. 한마디로 말해서 자문자답, 스스로 묻고 스스로 대답한다. 이쯤에서 멈추면

다행이겠지만 아빠는 한술 더 뜬다. 연달아 "바늘만 가지고 다니는 사람을 뭐라고 하게?" 하고 묻고는 "실없는 사람!"이라며 우스워 죽겠다는 듯이 크게 웃는다. 개그를 할 때 자기가 말하고 먼저 웃으면 망한 거라는데, 아빠는 전혀 상관하지 않는다.

아저씨들이 하는 시대에 뒤떨어지는 개그를 우리 삼총사는 '아재 개그'라고 한다. 아빠가 아재 개그를 할 때마다 짜증 난다. 그런데 지금은 반대다. 아재 개그라도 좋으니 아빠가 "농담이야, 농담!" 하고 외친다면 얼마나 좋을까? 하지만 모든 게 현실이었다. 꿈도, 유행이 지난 아재 개그도 아닌 실제 상황이었다.

아빠를 생각하자 머릿속에 가장 먼저 떠오른 단어는 '배신자'였다. 아빠는 배신자다. 엄마와 나를 배신했다. 머리가 지끈지끈 아파왔다. '단 1초도 아빠 생각을 하지 말자.' 굳게 마음먹었다.

나는 머리맡에 놓인 스마트폰 화면을 켰다. 매일 아침이면 누가 먼저랄 것도 없이 가장 먼저 일어난 사람이 채팅방을 열어 삼총사를 모은다. 오늘은 삼총사 중 누구의 집 앞

에서 만나 학교에 갈 것인지 티격태격하는 것으로 하루를 시작한다. 겉으로는 티격태격하는 것처럼 보여도 거의 비슷한 횟수로 순번이 돌아가기 때문에 큰 불만은 없다. 그냥 재미 삼아 티격태격한다고 봐도 무방하다.

자고 일어났는데 감기 기운이 있어서, 학교에 가져갈 준비물이 많아서, 회의 준비로 새벽에 일찍 출근한 엄마 대신 동생을 챙겨야 해서, 엄마가 늦잠을 자는 바람에 아침밥이 늦어져서, 양말의 짝을 찾을 수가 없어서, 까맣게 잊고 있던 숙제가 갑자기 생각나는 바람에……. 삼총사는 아침마다 갖은 이유를 댔고, 누가 더 심각한 문제에 직면해 있는지 겨루느라 티격태격했다. 말이 좋아 티격태격한다고 하지 정작 내용을 따져 보면 아무 말 잔치나 다름없었다.

학교가 쉬는 주말에는 채팅방에서 실컷 수다를 떨다가 "자세한 이야기는 만나서 하자."면서 아파트 놀이터나 호수 공원 같은 곳에서 만나기도 했다. 스마트폰이 잠잠한 것을 보니 수아와 현주가 아직 일어나지 않은 모양이었다. 나는 채팅방에 들어갈까 말까 망설였다. 그 순간 채팅방 알림이 울렸다.

> **수아** 굿모닝! 잘 잤니?

활기찬 수아의 아침 인사에 이어 노란 해님이 빨간 하트를 꼭 껴안은 이모티콘이 도착했다.

> **현주** 너무 잘 자서 얼굴이 쟁반만 해ㅜㅜ

곧바로 현주의 댓글이 올라왔다.

> **수아** 밥현주, 너는 예뻐서 쟁반으로 변신해도 인기 짱일걸! 그러니까 걱정 넣어 둬^^

> **현주** 공감 백퍼센트!

현주는 메시지와 함께 귀여운 주먹밥 캐릭터가 고개를 끄덕이는 이모티콘을 득달같이 올렸다. 수아는 현주를 '밥현주'라고 놀린다. '박현주'가 '밥현주'가 된 것은 박씨 성을 가졌기 때문이라고 오해하기 쉬운데, 30초만 현주와 함께 있어 보면, 그 이유가 '밥' 때문이라는 것을 알 수 있다.

사랑꾼 수아의 머릿속이 온통 수학 선생님으로 가득 차 있는 반면, 현주의 머릿속은 온통 '밥'으로 가득 차 있다.

> **수아** 미래, 아직도 꿈나라? 무슨 달달한 꿈을 꾸기에 꿈속에서 안 나오고 싶은 거지? 혹시 우진이한테 프러포즈라도 하고 있는 거야? 그런 꿈이라면, 늦잠 허용해 준다ㅋㅋ

나도 모르게 입꼬리가 올라갔다. 오늘도 수아는 아침부터 사랑 타령을 했다. 수아는 입만 열었다 하면 기승전결 사랑 얘기를 하는 사랑꾼이다. 하지만 수아 앞에서는 '사랑 타령'이니 '사랑꾼'이니 하는 말을 쓰면 절대 안 된다. 너무 촌스러운 표현이라 자신까지 촌스러워 보이기 때문이란다. 그래서 수아 앞에서는 세련돼 보이도록 '로맨티스트'라고 해야 한다. 현주는 오글거려서 로맨티스트라는 말을 도저히 입 밖으로 못 꺼내겠다고 버티는 중이다. 이렇게 삼총사는 사사건건 티격태격한다.

수아는 우리 반 남자아이들과 눈만 마주쳐도 그린라이

트가 켜진 것 아니냐며 호들갑을 떤다. 상대방에 대한 호감의 신호를 수아는 그린라이트라고 부른다. 사소한 일 하나까지 사랑 문제로 연관 지을 때는 수아가 짜증스럽기도 하지만, 곰곰이 생각해 보면 사랑이 많은 아이라서 좋은 점이 더 많다. 언젠가 내가 "수아 너는 사랑이 너무 넘쳐서 탈이야. 아무한테나 막 퍼 주잖아!"라고 핀잔을 준 적이 있었다. 그러자 수아는 "미래야, 네가 어려서 뭘 모르나 본데 사랑에도 유통 기한이라는 게 있단다."라며 알쏭달쏭한 말로 맞받아 쳤다. "오수아, 빙빙 꼬지 말고 알아듣기 쉽게 똑바로 말해!"라고 따졌더니 수아는 "미래 너처럼 아끼다가는 똥 된다고!" 했다.

맙소사, 사랑이 똥이 되다니! 아름답고, 달콤하고, 포근하고, 경이롭다는 등 온갖 형용사를 붙여 가며 찬양할 때는 언제고 사랑을 똥과 연결시키다니! 나는 수아의 말에 빵 터졌다.

아끼다가 똥이 된다는 말은 우진이를 두고 한 말일 것이다. 우진이는 내가 좋아하는 우리 반 남자애다. 우진이한테 고백도 못 하고 끙끙 속앓이를 하는 나를 놀리는 말이다.

수아와 현주는 몇 번이고 나를 대신해서 내 마음을 우진이에게 전해 주겠다며 발 벗고 나섰지만, 만약 내 허락도 없이 그런 만행을 저질렀다가는 절교라며 확고하게 선을 그었다.

우진이는 나에게 첫사랑이다. 어렸을 때부터 몇몇 남자아이들에게 고백을 받아 사귄 적이 있지만, 곰곰이 생각해 보니 남자 사람 친구와 별반 다르지 않았다. 그런데 우진이는 다르다. 우진이를 떠올리면 얼굴이 빨개지면서 심장이 미친 듯이 날뛴다. 그런데도 내가 우진이에게 속마음을 숨긴 이유는 낭만을 위해서다. 이루지 못한 첫사랑을 죽을 때까지 가슴에 간직한다는 건, 무척 낭만적인 일이기 때문이다.

우진이를 떠올리자 후회가 밀려왔다. 이렇게 갑자기 떠나올 줄 알았으면, 차이든지 말든지 속 시원하게 고백이라도 해 볼걸. 수아의 말을 들을 걸 그랬다. 내 첫사랑은 아끼다가 똥 됐다.

꿈이라면 얼마나 좋을까? 어제의 나였다면 우진이한테 용기 있게 마음을 고백하는 꿈을 꾸기를 바랐을지도 모른다. 좋아한다고 말하는 건 무척 낭만적인 일이니까. 하지만 오늘의 나는 우진이를 생각할 마음의 여유가 없다. 꾸고 싶은 꿈이 있다면…… 예전처럼 아빠, 엄마와 한집에서 사는 꿈을 꾸고 싶다. 그렇게만 된다면 밤을 새워 가며 공부를 해서라도 기말고사에서 전교 1등을 하고, 초등학생이 갖기에는 부담스러운 값비싼 헤드셋은 거들떠보지도 않고, 용돈 올려 달라고 떼쓰지도 않고, 제발 나한테 관심 좀 가져 달라며 엄마, 아빠한테 껌딱지처럼 들러붙을 거다. 그리고 하트 모양으로 오린 종이에 "Welcome! 언제든지 엄마, 아빠의 방문을 환영합니다."라고 써서 방문 앞에 붙여 놓을 것이다. 우리 가족이 오순도순 함께 살 수만 있다면 뭐든지 할 수 있을 것 같았다.

행복약국이 악몽이라면 얼마나 좋을까? 아무리 억울하고, 분하고, 배신감에 몸을 떨어도 그래 봤자 꿈일 뿐이니까. 눈을 뜨는 순간 연기처럼 사라지고 없을 테니까.

> **수아** 나미래, 죽었냐? 살았냐?

> **현주** 채팅 확인은 했으니까 살아 있기는 한 것 같아.

수아와 현주는 그대로인데 나만 시궁창에 처박힌 기분이었다. '이혼 가정 아이'는 나와는 전혀 상관없는 '남의 일'인 줄 알았는데, '나의 일'이 되리라곤 전혀 생각지도 못했다. 이 사실을 알면 수아와 현주가 뭐라고 할까? 어떤 표정을 지을까? 설마 내가 보낸 문자에 잠수를 타거나, 나와 거리를 두는 것은 아니겠지?

우리나라는 이혼율이 높은 나라다. 세 집 걸러 한 집이 이혼 가정이란다. 이혼율이 높은 만큼 흔해 빠진 게 이혼 가정이다. 요즘 같은 시대에 이혼 가정은 다양화된 가족 형태의 하나일 뿐 별난 게 아니다. 그게 뭐 대수라며 쿨하게 생각할 수 있다. 오히려 이혼 가정에 대해 잘못된 편견을 가지는 것이 촌스러운 생각일 수 있다. 하지만 그것은 어디까지나 '남의 일'이었을 때의 말이다.

앞으로 '이혼 가정 아이'라는 꼬리표가 붙어 다닐 것을 생각하자 울컥하면서 눈물이 그렁그렁 차오르기 시작했다. 스마트폰 화면이 점점 흐릿해졌다. 나는 눈을 위로 치켜뜨며 천장을 쳐다봤다. 어젯밤에 집을 나오면서 앞으로 아빠와 눈도 마주치지 않고, 말도 섞지 않겠다는 굳은 다짐에 이어 열차 안에서 두 번째로 다짐한 것이 있었다. 그것은 바로 '아빠, 엄마 일로는 한 방울의 눈물도 흘리지 말자.'였다. 천장을 뚫어져라 쳐다봐서인지 눈물이 서서히 몸속으로 스며드는 것 같았다. 그래서일까, 몸이 물기를 잔뜩 머금은 솜이불처럼 무거웠다. 침대 아래로 몸이 가라앉는 기분이었다.

> **수아**: 그럼 왜 대꾸를 안 하지? 손가락이라도 부러진 거야? 뭐야? 걱정되잖아!!!

> **현주**: 채팅 확인한 걸 보면 손가락도 멀쩡한 것 같아.

> **수아**: 그러네. 그게 아니면, 뭐지? 설마 우리에 대한 사랑이 식은 건 아니겠지???

> **현주**: 나미래, 나와라!!!

채팅방에서 수아와 현주가 나를 애타게 부르고 있었다. 수아와 현주에 대한 나의 사랑이 식다니! 말도 안 된다. 우진이를 좋아하지만, 우진이는 나에게 2순위다. 수아와 현주 다음이다. 남자 친구는 사귀다가 마음이 식어서 헤어지면 그만이지만, 수아와 현주처럼 마음이 척척 잘 맞는 찰떡 친구는 세상에 다시없을 것이기 때문이다. 당장이라도 수아와 현주를 만나러 행복약국을 뛰쳐 나가고 싶었다. 수아와 현주를 붙잡고 실컷 울고 싶었다. 사랑과 진심이 담긴 따뜻한 위로를 받고 싶었다.

채팅방에 메시지를 쓸까 말까 천만 번 망설이다가 스마트폰 전원을 껐다. '우리 아빠에게 다른 아줌마가 생겼어.'라고 말하고 싶지도 않을뿐더러 하룻밤 사이에 나한테 일어난 엄청난 일을 고작 메시지로 주고받고 싶지도 않았다. 나는 이불을 머리끝까지 끌어당겨 덮어썼다. 시궁창에 처박혀 거지 같은 기분으로 사느니 차라리 숨이 막혀서 죽었으면 좋겠다는 생각이 간절했다.

핑퐁, 핑퐁, 핑퐁

"똑똑똑!"

노크 소리가 들리더니, 방 안으로 들어오는 발소리가 들렸다. 이불을 덮어쓰고 있어서 볼 수는 없어도 아빠라는 걸 알 수 있었다. 때로는 보지 않고도 소리로 알 수 있는 것들이 있다.

띠- 띠이- 띠---이 띠. 이건 욕쟁이 할머니가 우리 집 현관문 비밀번호를 누르는 소리다. 욕쟁이 할머니는 '동'과 '호수'만 다를 뿐 같은 아파트에 살아서 우리 집을 생쥐처럼 들락날락했다. 마치 자기 집이라도 되는 양 거의 매일 오다시피 하면서 온갖 참견을 했다.

"이런 된장 맞을! 혓바닥은 뒀다 뭐 하니? 된장국 간도 제대로 못 맞추고! 아이고 육시럴, 콩나물을 너무 오래 데쳐서 물컹물컹하잖니. 당장 음식물 쓰레기통에 버려라! 화장실에서 나는 지린내로 코가 썩어 문드러지겠다."

욕설과 함께 폭풍 잔소리를 쏟아 냈다. 날마다 듣는 욕설과 잔소리가 지긋지긋하면서 끔찍하게도 싫었는데, 아주 오래전 일처럼 까마득하게 여겨졌다. 심지어 욕쟁이 할머니가 그립기까지 했다.

"아침 먹어라."

아빠가 침대 옆 테이블에 쟁반을 내려놓는 모양이었다. 돼지고기가 들어간 김치찌개, 양파와 당근이 들어간 계란말이, 들기름으로 구운 김, 흰쌀과 현미가 섞인 밥. 냄새만으로도 무슨 음식인지 알 수 있었다. 내가 이렇게까지 후각이 좋았나? 이게 아닌데? 오히려 둔한 편이라는 말을 더 자주 들었던 것 같은데? 행복약국에서는 모든 신경이 곤두서 있는 것 같다.

아빠가 방문을 닫고 나갔다. 그리고 얼마 지나지 않아 현관문이 열리는 소리가 났다. 곧이어 두 개의 발소리가 멀어졌다. 아빠와 아줌마가 밖에 나간 듯했다. 나는 침대에서 일어나 앉았다.

생각 같아서는 도저히 밥이 안 넘어갈 것 같았는데, 밥이 넘어갔다. 그것도 술술 넘어갔다. 어제저녁부터 굶은 터라 허기져서 그렇다고 변명하고 싶지만, 아줌마의 음식 솜씨가 엄마보다 더 뛰어난 점은 인정! 일단은 나도 살고 봐야 하니까.

나는 밥을 다 먹은 후, 쟁반을 들고 거실로 나갔다. 김치찌개 국물만 조금 남았을 뿐 반찬 그릇이 싹싹 비워진 상태라 설거지가 간단했다. 설거지를 마치고 집 안을 한 바퀴 둘러보았다. 우리 집에 비하면 열 배는 더 깨끗했다. 먼지 한 톨 없어서 바닥에 떨어진 음식을 주워 먹어도 될 것 같았다. 욕쟁이 할머니가 엄마만 보면 왜 그렇게 잔소리를 해 댔는지 어렴풋이 알 것 같았다. 하지만 아무리 집 안이 깨끗하고 음식 솜씨가 좋더라도 나는 아줌마가 싫다.

엄마가 보고 싶고, 전화라도 하고 싶었지만 꾹꾹 눌러 참았다. 엄마는 아빠가 일으킨 문제를 핑계 삼아 나를 버렸기 때문이다. 묻고 따지고 싶은 것이 가슴에 가득 차 있었지만, 엄마가 먼저 전화를 하지 않는 한 내가 먼저 전화를 거는 일은 결코 없을 것이다.

"전학 서류다."

한 시간 정도 흐른 뒤에 내가 있는 방으로 들어온 아빠가 서류를 내밀었다. 학교 이름은 '어둠초등학교'라고 적혀 있었다. 어둡고 우울하면서 암울하고 불길하기 짝이 없는 이름이라는 생각이 들었다. 지금 내가 처한 현실도 어둡고 우울하고 암울하고 불길해서 심장이 터질 것 같은데 학교 이름까지 이 모양이라니 최악이었다.

언젠가 삼총사의 이야깃거리로 초등학교 이름이 도마 위에 오른 적이 있었다. 학교 이름이 대변초등학교였는데 '똥초등학교'라고 놀림을 받자 학생회장과 부회장이 앞장서 3천 명이 넘는 사람들에게 서명을 받아 냈고, 졸업생과 교장 선생님의 허락을 받아 학교 이름을 바꾸었다는 신문 기사 내용이었다.

"아니, 어쩌면 학교 이름을 그렇게 무성의하게 지을 수가 있을까? 샛별, 초록, 호수, 라온 같은 예쁜 이름들도 많은데!"

수아가 자기 일처럼 분통을 터트렸다. 그러자 현주가 맞장구를 치며 말했다.

"마을 이름이 '대변리'라서 그렇게 지었다잖아."

그때는 별생각 없이 웃어넘겼는데 막상 내 일이 되니 괜스레 불길한 예감이 들었다. 마치 내 인생에 큰 별이 지고, 새카만 어둠이 밀려오는 기분이었다.

"약국 바로 맞은편이 어둥초등학교야."

아빠가 말했다. 내가 잘못 들은 것이 아니라면, 분명히 '어둥초등학교'라고 했다. 나는 다시 서류를 들여다보았다. 아빠의 말이 맞았다. '어둠'이 아닌 '어둥' 초등학교라고 적혀 있었다.

수아가 사랑꾼이라면 현주는 미식가였다. 음식에 관심이 많았다. 우진이에 대한 마음도 고만고만, 공부에 대한 관심도 고만고만, 딱히 세상일에 의욕이 없는 나는 수아와 현주 사이에 끼어 왼쪽 귀로는 사랑 타령을 들어야 했고, 오른쪽 귀로는 음식 타령을 못이 박히도록 들어야 했다. 현주는 사랑 없이는 못 산다는 수아에게 사마귀의 짝짓기 사례를 들려주면서 사랑 없이는 살아도 음식이 없으면 굶어서 죽는다고 실랑이를 했다. 현주가 들려준 사마귀 이야기는 짝짓기가 끝나면 암컷이 수컷 사마귀를 잡아먹는다는 것이었다. 그것도 머리부터 야금야금…….

마치 두 대의 텔레비전이 켜진 것처럼 수아와 현주는 상대방의 말은 듣지도 않고 각자 자기가 하고 싶은 말만 앞세웠다. 두 친구의 끝없는 입씨름을 지켜보면서 내가 얻은 교훈은 사람은 각기 자기가 보고 싶은 대로 보고, 듣고 싶은 대로 듣는다는 것이었다.

내 마음이 어두워서인지 아까는 분명히 '어둠초등학교'라고 적혀 있었다. 손바닥으로 눈을 비빈 다음 다시 확인했다. '어둥초등학교'가 맞았다. 내가 잘못 본 모양이었다. 전에 다니던 큰별초등학교에 비하면 촌스러운 이름이지만, 어둠초등학교보다는 한결 나았다.

첫 등교인 만큼 아빠가 함께 가 준다고 했지만, 나는 고개를 저었다. 아빠한테 그 어떤 도움도 받고 싶지 않았다. 엄마한테 쫓겨나 행복약국 아줌마 집에서 잠을 자고, 밥을 먹고, 씻어야 한다는 사실만으로도 충분히 굴욕적이었으니까. 피치 못할 사정으로 이렇게 살고 있다 해도 내가 결코 호락호락한 상대가 아니라는 것을 보여 주고 싶었다.

이야기가 딴 데로 많이 샜다. 어렸을 때 좋아하던 만화 영화는 반복해서 봐도 재미가 있는데, 내 이야기는 반복해서 재생해 봤자 우울하기만 하다. 하여튼 나는 지금 어둥초등학교 교무실 앞에 서 있다. 손에 쥐고 있던 꼬깃꼬깃하게 접힌 쪽지를 펼쳤다.

비빔밥, 사탕, 장래 희망

자기소개 때 하고 싶은 인사말과 관련된 단어들이 적혀 있었다. 비빔밥처럼 친구들과 잘 섞이는 활달한 성격을 지녔다고 할까? 사탕처럼 달달한 성격이라고 할까? 장래 희망이 뭐냐고 물으면 어쩌지? 나는 아직 꿈이 없는데 생각 중이라고 해야 하나……

'하나, 둘, 셋!'

마음속으로 숫자를 세었다.

"똑! 똑! 똑!"

조심스럽게 노크를 한 다음, 교무실 문을 열고 들어갔다.

"전학생인데요."

기어 들어가는 목소리를 쥐어짜듯 겨우 말했다.

"아침에 학교로 전화했던 애니? 빈칸에 4반이라고 쓴 다음 사인하렴."

전학 담당으로 보이는 선생님이 내 대답은 기다리지도 않고 서류를 내밀었다. 나는 선생님이 시키는 대로 빈칸에 '4'라고 쓴 다음, 사인을 했다.

"따라오렴."

전학 담당 선생님이 방금 내가 쓴 서류를 챙기면서 자리에서 일어났다. 나도 선생님을 따라 일어났다. 새롭게 만나게 될 아이들은 어떤 아이들일까? 담임 선생님은 남자일까, 여자일까? 나는 대체적으로 여자 선생님과 잘 맞는 편인데…….

"우리 반은 어제 전학생 받았는데요. 왜 또?"

짜증 섞인 목소리에 정신이 번쩍 들었다. 5학년 4반 푯말이 머리 위에서 달랑거렸다. 전학생, 그러니까 내가 있는데도 아랑곳하지 않고 4반 담임 선생님이 짜증을 냈다. 4반 선생님은 남자 선생님이었다.

"아, 그게 좀…… 그렇군요."

전학 담당 선생님은 무슨 말인가 더 하려다가 입을 다물었다. 그러고는 옆 반으로 향했다.

"본래 담임도 아닌 제가 멋대로 전학생을 받을 수는 없지 않습니까?"

말하는 것으로 보아서 5반 선생님은 임시 담임 선생님인 모양이었다. 5반 선생님은 여자 선생님이었다.

"아, 선생님 입장이 좀 그렇겠군요."

전학 담당 선생님은 다시 4반으로 급히 걸음을 옮겼다. 선생님을 따라 나도 종종걸음을 했다.

"우리 반은 더 이상 전학생 못 받습니다!"

4반 담임 선생님이 교실 문을 쾅 닫는 바람에 나는 몸을 움찔했다. 온몸이 말린 건포도처럼 졸아드는 것 같았다. 전학 담당 선생님을 따라 핑퐁, 핑퐁, 핑퐁, 핑퐁, 핑퐁, 핑퐁…… 4반과 5반을 수차례 왔다 갔다 했다. 결국 5반 임시 담임 선생님이 백기를 들었다. 나는 5학년 5반 전학생이 되었다.

"맨 뒷자리로 가서 앉아라."

선생님의 검지 끝이 가리키는 자리는 문가 쪽 구석진 자리였다. 준비했던 자기소개 쪽지는 휴지 조각이 되어 버렸다. 새로운 친구들에게 인사할 시간 따위는 주어지지 않았기 때문이다. 자기소개를 하지 못한 것에 그다지 섭섭하거나 속상한 마음은 없다. 하지만 핑퐁, 핑퐁, 핑퐁, 핑퐁, 핑퐁을 4반과 5반 아이들이 다 봤으니, 망했다.

하나, 둘, 셋, 찰칵!

"전학생에게 학교 소개해 줄 사람?"

선생님이 아이들을 향해 물었다. 아이들은 학원 숙제로 보이는 문제집을 풀고, 사물함에서 무언가를 꺼내느라 달그락거리고, 자기네들끼리 키득거리면서 선생님의 말에 콧방귀도 안 뀌었다. 아이들의 무관심 속에서 나는 잘못한 것도 없이 벌을 서는 기분이 들었다.

'친구는 수아와 현주만으로 충분하다. 그러니까 귀찮게 친구 같은 거 만들지 말자.'

마음을 단단히 먹었다. 무관심에는 무관심으로! 나 역시 아이들에게 신경을 끄기로 했다.

"너희들 정말 이러기야? 입장을 바꿔서 너희가 전학생이라고 생각해 봐. 모든 것이 낯설고 두려울 거야. 그런데 도와주는 친구도 없으면 얼마나 힘들겠어."

선생님이 아이들을 야단쳤다. 그러든지 말든지 아이들은 무반응이었다. 무반응에는 무반응으로! 나 역시 아무 반응도 보이지 않고 꿋꿋하게 자리를 지켰다.

보나 마나 학교 구조는 다 거기서 거기다. 한 사람이 지은 것처럼 거의 똑같다. 교무실은 좀 전에 들렀으니 더 이상 소개받을 필요가 없고, 그 밖에 화장실, 보건실, 도서관, 영어 교실, 미술 교실, 과학 교실, 체육관…… 이 정도는 쉬는 시간 10분이면 위치를 파악하고도 남는다. 학교 소개 같은 건 쓸데없는데 괜히 내 입장만 난처해졌다. 핑퐁, 핑퐁……. 밀어낼 때는 언제고, 이제 와서 왜? 선생님의 관심과 배려가 오히려 나를 더 비참하게 만들고 있었다. 그때였다.

"저요!"

어떤 여자아이가 손을 들었다.

"역시 최유나밖에 없다."

짜증과 실망이 덕지덕지 묻어 있던 선생님의 얼굴이 밝

아졌다. 손을 든 여자아이의 이름이 '최유나'인 모양이었다.

"유나야, 너만 믿는다."

"네."

유나가 대답했다. 유나는 얼굴이 예쁘장하면서 옷도 눈길을 사로잡을 만큼 제법 잘 입었다. 보나 마나 노래나 공부도 잘하고 아이들한테 인기도 많을 것 같았다. 쉬는 시간을 알리는 종이 울렸다. 선생님이 교실을 빠져나가자마자 여자아이들이 유나 주위로 우르르 몰려갔다.

"유나야, 오늘 바른 틴트 무슨 색이야? 진짜 잘 어울린다."

"오늘은 이거!"

유나가 주머니에서 틴트를 꺼내 책상 위에 올려놓았다.

"꺅! 귀엽다!"

"완전 대박 귀여워! 꺅!"

한 무리의 까마귀 떼가 날아오르는 것처럼 여기저기에서 꺅꺅거리는 비명이 쏟아졌다. 나도 슬쩍 책상 위에 있는 틴트를 보았다. 뚜껑에 토끼 귀가 달린 케이스는 한눈에 보기에도 귀여우면서 값이 비싸 보였다. 유나만큼이나 틴트의 존재감도 컸다.

"이거 코코프렌즈에서 출시한 가을 에디션 맞지?"

"도대체 유나 너는 틴트가 몇 개야?"

아이들의 얼굴에 부러움이 가득했다.

"한 번 발라 봐도 돼?"

"당연하지."

유나가 활짝 웃으면서 대답했다. 웃으니까 천사 같았다. 그럴 줄 알았다는 듯이 유나의 말이 떨어지기 바쁘게 아이들이 너도나도 틴트를 바르기 시작했다. 거울을 손에 든 아이는 거울을 보면서, 거울이 없는 아이들은 마주 보면서 서로에게 발라 주었다. 뾰족하던 틴트의 끝이 금세 둥글둥글해졌다.

"찰칵!"

누가 먼저랄 것도 없이 너도나도 스마트폰을 꺼내 사진을 찍기 시작했다.

"전학생 너도 이리로 와."

유나가 나를 끌어당겼다.

"하나, 둘, 셋, 찰칵!"

유나가 자신의 스마트폰으로 사진을 찍었다.

"번호 좀 찍어 줘."

사진을 찍고 난 후 유나가 스마트폰을 내밀었다. 나는 유나의 스마트폰에 내 전화번호를 입력한 다음 다시 건넸다.

"우리 집에 놀러 올 사람?"

수업이 끝나고 유나가 책상을 정리하면서 말했다.

"유나 너 오늘 영, 수, 피 있는 날이잖아?"

영, 수, 피는 영어 학원, 수학 학원, 피아노 학원을 줄여서 부르는 말이다.

"영어 학원 선생님이 집안에 일이 있으셔서 오늘 휴강이야. 그래서 한 시간 정도 놀 수 있어."

유나가 웃으면서 말했다.

"나, 갈래!"

"나도!"

"나도!"

서너 명의 아이들이 유나의 팔짱을 끼며 대답했다.

"나도 가고 싶은데, 수학 학원 때문에……."

고은이라는 아이가 아쉬운 얼굴로 말했다. 내가 별다른 소개도 없이 고은이의 이름을 알 수 있었던 것은 그 아이가

'한고은'이라고 적힌 수학 문제집을 옆구리에 끼고 있었기 때문이다. 곧장 수학 학원으로 가야 하는 모양이었다.

"유나야, 나도 끼워 줄 거지?"

어떤 남자아이가 잽싸게 유나의 손에서 책가방을 낚아챘다.

"하민이 너 수학 학원은 어떻게 하고?"

고은이가 하민이란 아이의 뒷덜미를 낚아채며 말렸다.

"갑자기 엄청 중요한 일이 생겼다고 수학 학원 선생님께 말해 줘."

하민이는 행여나 유나가 자신을 빼고 갈까 봐 유나의 책가방을 보물단지처럼 꼭 끌어안은 채 앞장섰다. 한눈에 보기에도 유나를 좋아하는 티가 팍팍 났다.

"전학생, 학원 아직 못 정했지?"

유나가 물었다.

"응, 그게, 그러니까……."

나는 어떻게 대답해야 할지 몰라 우물쭈물했다. 유나는 당연하게 내가 이사를 오는 바람에 아직 학원을 정하지 못했을 뿐이지 나도 학원에 다닐 것으로 생각하는 모양이었다. 하지만 엄마도 아니고 아줌마랑 사는 내가 솔직히 학원에 다닐 수 있을지 없을지는 나 자신도 모르는 일이었다.

"전학생, 너도 우리 집에 갈 거지?"

머릿속으로 학원과 관련된 마땅한 대답을 찾고 있는데 유나가 물었다.

갈까? 말까? 마음속으로 저울질했다. 유나네 집에 가고 싶은 마음 반, 가기 싫은 마음 반인 것 같기도 하고, 가기 싫은 마음이 더 큰 것 같기도 했다. 마음의 갈피를 잡을 수가 없었다.

가기 싫은 이유는 어제 일로 아직 몸과 마음이 지칠 대로 지쳐 있는 데다 수아와 현주에게 미안한 마음이 앞섰기 때문이다. 아무 연락도 없이 학교에 가지 않았으니 수아와 현주가 어떻게 하고 있을지는 훤히 다 보였다. 전원을 꺼놓지 않았다면 하루 종일 스마트폰이 징징거렸을 것이다. 나 때문에 걱정하고 있을 수아와 현주를 모르는 체하고 다른 아이들과 즐거운 시간을 보낼 수는 없었다.

한편 유나네 집에 가고 싶은 마음은 아이들과 친해지고 싶어서라기보다는 집에 최대한 늦게 들어가서 아빠와 아줌마를 걱정시키고 싶은 반항심이 컸다. 또 새로운 친구를 사귀기 가장 좋은 기회이기도 했다. 학기 초에 이미 끼리끼리 친한 그룹이 정해지면 나중에 끼어들기가 쉽지 않다. 거의 불가능에 가깝기 때문에 학기 중간에 전학을 가면 왕따가 될 확률이 99.999999퍼센트다. 이런 내 입장은 눈곱만큼도 고려해 주지 않고 자기들 멋대로 일을 처리해 버린 엄마와 아빠가 정말 미웠다.

"사실 너 때문에 아이들을 우리 집에 초대하는 거야. 이렇게 하면 아이들과 빨리 친해질 것 같아서."

나를 이렇게까지 생각해 주다니, 유나는 정말 다정한 친구인 것 같았다.

"고마워."

나는 유나를 향해 고개를 끄덕였다.

최유나 님이 '우리 반 전학생' 님을 초대하였습니다

"엄청 넓다!"

"거실이 우리 학교 운동장만 해!"

유나가 현관문을 열자마자 아이들이 호들갑을 떨었다.

"우아!"

유나의 방 안으로 들어간 아이들의 눈이 휘둥그레졌다. 책상 옆에 놓여 있는 화장대에 화장품이 가득 차 있었기 때문이다. 문구점에서 쉽게 살 수 있는 값싼 제품들이 아니었다. 한눈에 보기에도 고급스럽게 보였다. 진열된 화장품에 정신이 팔린 아이들이 한참을 웃고 떠들었지만 나는 수다에 끼어들 수도, 같이 웃을 수도 없었다. 온통 알 수 없는 이야기뿐이었기 때문이다.

"전학생이 화장을 하면 예쁠 것 같지 않니?"

유나가 대뜸 아이들을 향해 물었다.

"우리 전학생 화장시키자!"

하민이란 아이가 유나의 말을 거들었다. 허락도 구하지 않고 아이들이 내 얼굴에 화장을 시작했다. 파운데이션을 바른 다음, 눈썹과 눈에 화장을 하고, 입술에 틴트를 칠했다.

"호호호!"

아이들이 입 밖으로 새어 나오는 웃음을 가까스로 참는 것 같았다.

"푸하하하!"

화장을 마쳤을 때 아이들은 누가 먼저랄 것도 없이 동시에 웃음을 터트렸다. 나도 아이들을 따라 웃었다. 좋은 게 좋은 거니까.

"전학생, 잘 가. 그리고 내일부터 나랑 학교에 같이 가자."

"응, 내일 아침에 너희 집으로 올게."

유나와 헤어지면서 서로 약속을 주고받았다. 내일 아침 유나와 함께 학교에 가면 왕따가 되는 일은 없을 것이다.

유나의 친절에 '귀찮게 친구 같은 거 만들지 말자.'라고 했던 결심이 무너져 내렸다.

"아니, 누가 학교에 화장하고 다니래. 당장 세수하고 와!"
집에 돌아온 나를 보자마자 아빠가 야단을 쳤다. 무슨 자격으로 나를 야단치는 걸까? 아빠가 저지른 잘못에 비하면 화장 따위는 아무것도 아닌데. 더구나 아줌마가 보는 앞에서! 나는 세수를 하기 위해 욕실로 향했다. 아빠의 말을 따르는 것이 아니라, 어쨌든 씻기는 해야 하니까.
"거울을 보기는 한 건지, 원."
내 뒤통수에 대고 아빠가 한심하다는 듯이 혀를 끌끌 찼다. 헉! 거울을 본 나는 그 자리에 얼음처럼 굳어 버렸다. 밀가루를 뒤집어쓴 것 같은 하얀 얼굴에 숯검정을 얹어 놓은 것같이 진하고 뭉툭한 눈썹, 생쥐를 잡아먹은 것 같은 새빨간 입술……. 아이들이 웃을 때는 조금 진한 화장이겠거니 생각했는데, 이건 화장이 아니라 낙서 수준이었다. 미술 시간에 싫증 난 아이가 아무렇게나 색칠한 그림 같았다.
화장을 하고 나서 나는 왜 한 번도 거울을 보지 않았을까? 후회가 밀려왔다. 곰곰이 생각해 보니 유나네 집에서 나와 엘리베이터를 탔을 때 거울을 보려고 했었다. 그런데 아이들이 거울을 가리고 서는 바람에 미처 보지 못하고 내렸다. 집에 오는 동안은 이런저런 생각에 골몰하느라 거울을 볼 생각조차 못했다. 모르긴 몰라도 이 정도 얼굴이면, 사람들이 나를 이상한 눈으로 쳐다봤을 법도 하다. 하지만 나는 생각에 깊이 빠져서 사람들의 따가운 시선을 전혀 의식하지 못했다.

세숫비누로 박박 문질러도 화장이 잘 지워지지 않았다. 아줌마의 클렌징 오일을 짜서 얼굴에 펴 발랐다. 그러고는 짙은 화장의 끈적임이 사라질 때까지 계속 세수를 했다.

세수를 마치고 주방으로 가자 저녁 식사가 끝나 있었다. 텅 빈 식탁에 내 몫의 밥과 반찬이 덩그러니 놓여 있었다. 밥 한 숟갈을 떠서 입안에 밀어 넣었다. 차갑게 식어 있었다. 눈물이 핑 돌았다. 나는 지금 아무에게도 환영받지 못하는 찬밥과 같은 처지였다.

저녁밥을 먹는 둥 마는 둥 하고선 침대에 누웠다. 스마트폰을 켰다. 예상했던 것처럼 부재중 전화는 물론이고, 문자와 단체 채팅방 알림, 음성 녹음 메시지까지 스마트폰이 불이 나도록 많은 연락이 와 있었다. 부재중 전화는 수아와 현주, 큰별초등학교 담임 선생님, 수학 학원 선생님에게 와 있었다. 하지만 엄마가 연락한 흔적은 어디에도 없었다. 나는 채팅방 메시지를 확인하지 않았다. 읽었다는 표시가 뜨면, 수아와 현주에게 헛된 희망을 심어 주게 될 것 같아서다. '메시지를 읽었으니 곧 미래한테서 답장이 올 거야.'라는 헛된 희망.

삼총사 채팅방 아래 새로운 채팅방이 자리를 잡고 있었다. 어둥초등학교 5학년 5반 단체 채팅방이었다.

> 최유나 님이 '우리 반 전학생' 님을 초대하였습니다.

유나가 나를 초대한 것이었다. 아이들이 나에 대해 어떻게 생각하는지 궁금해서 채팅방에 입장을 했다. '우리 반 전학생'이라는 글자 아래 사진이 주르륵 올라와 있었다. 학교에서 쉬는 시간에 찍힌 사진이었다. 틴트를 바른 아이들 사이에 외딴섬처럼 혼자 동떨어져 있는 느낌을 물씬 풍기

는 사진이었다. 틴트를 바르지 않은 나는 흑과 백, 물과 기름처럼 섞이지 못하고 있었다. 많은 아이들이 사진을 봤을 텐데도 나에 대해 이렇다 할 댓글이 달리지 않았다.

"헉!"

사진을 죽 훑어 내려가던 나는 너무 놀라서 입이 떡 벌어졌다. 나의 눈길을 잡은 것은 유나네 집에서 찍힌 사진이었다. 언제 찍혔는지 기억조차 없는 사진 속 나는 짙은 화장을 하고 있었다.

| 너구리 노노 너규리 | 우리 반 전학생 혹시 외계인? |

| 백마 탄 왕자님을 기다리는 백장미 | 내 눈에는 좀비로 보여. 일주일 남은 핼러윈 분장 미리보기인 줄 알았어. |

| 백장미 남친 한승우 왕자 | 윽, 토 나올 것 같아! |

톡톡톡 토도독 톡톡……. 시큰둥하던 아이들이 내 사진에 줄줄이 댓글을 올리는 중이었다. 나는 사냥꾼들에게서 도망치는 토끼처럼 다급히 채팅방을 빠져나왔다.

> 최유나 님이 '우리 반 전학생' 님을 초대하였습니다.

　하지만 마음처럼 되지 않았다. 단체 채팅방을 나오자마자 유나가 다시 초대했기 때문이다. 나는 채팅방 탈출을 포기했다. 탈출해 봤자 계속해서 초대될 것이기 때문이다. 채팅방 위쪽에 있는 종 모양을 눌러 알림음을 껐다.
　요즘은 유치원생들도 화장을 한다. 콤팩트로 된 선크림을 쿠션으로 톡톡 두드려 바르는 것은 흔해 빠진 일이고, 대개 틴트 한두 개쯤은 가지고 다닌다. 그런데 우리 삼총사는 화장에 전혀 관심이 없었다. 사랑꾼 수아마저도 화장을 하지 않았다. 굳이 따진다면 선크림을 바르는 것이 화장의 전부였다.
　따로 국밥처럼 각기 관심사와 생각이 다른 우리는 매일 티격태격하는 게 일상이었다. 그런 가운데 유일하게 의견을 같이한 것이 화장이었다. "우린 화장에 돈과 시간을 낭비하지 말자."라는 현주의 말에 의기투합했다. 그래서 나는 화장이나 화장품에 대해 아는 것이 없었다. 스마트폰을 켜서 검색 창에 '틴트'라는 글자를 입력했다.

틴트(Tint) : 색조, 염색, 색칠을 말한다. 화장품에서는 립 틴트(Lip Tint)의 약자로 많이 쓰이는데 입술이나 볼에 색을 내기 위해 바르는 화장품이다. 물처럼 묽은 액체 타입의 제품이 많고, 착색 목적이라 지속력이 좋지만 입술이 쉽게 건조해지는 단점이 있다. 건조함을 보완하기 위해 립글로즈 같은 액체형으로도 많이 출시되고 있다.

틴트에 대한 뜻풀이와 역사, 종류 같은 따분한 내용이 풀이되어 있었다. 스크롤을 아래로 내리자 인터넷에서 판매되고 있는 틴트 광고가 줄줄이 이어졌다. 스크롤을 끝까지 내려도 내가 원하는 내용은 없었다.

요즘 친구들 대부분이 화장을 하는데, 저만 하지 않으니까 왠지 따돌림당할까 봐 걱정돼요. 모아 놓은 용돈이 별로 없어서 여러 종류의 화장품을 한꺼번에 구입하기는 어려워요. 우선 초등학생이 쓸 만한 틴트 좀 알려 주세요. 틴트만 발라도 화장을 한 것 같더라고요.

'고수' 앱에 접속해 글을 작성하기 시작했다. 고수 앱은 "같은 반에 좋아하는 아이가 있는데 뭐라고 말을 걸면 좋을까요?", "단톡방에 올린 글을 삭제하고 싶은데, 친구들이 기분 나빠하지 않을까요?", "북극과 남극 중에 어느 곳이 더 추운가요?", "짝꿍이 사소한 질문을 너무 많이 해서 짜증 나요. 어떻게 하면 좋을까요?"와 같은 별별 질문을 눈치 보지 않고 올릴 수 있는 앱이다. 뭐든 궁금한 질문을 올리면 사람들, 그러니까 고수들이 답변을 해 준다.

'고수'는 어떤 분야에서 기술이나 능력이 매우 뛰어난 사람이다. 고수 앱에 들어가면, 나와 같은 초등학생부터 나이가 많은 어른에 이르기까지 숨은 고수들이 많다. 고민을 같이 나눌 친구도, 엄마도 없는 내게는 고수들만이 유일한 해결책이었다. 누구든지 좋으니 답을 해 주길 바라는 마음으로 한 글자씩 질문을 써 내려갔다.

사소하지만, 결코 사소하지 않은

수아와 현주가 사라진 세계에서 화장은 사소하지만, 결코 사소하지 않은 문제였다. 어떻게든 유나와 아이들에게 잘 보이고 싶었다.

> 다시 한번 말하지만 모아 놓은 용돈이 별로 없어서 저렴한 제품으로 추천해 주세요. 그리고 "초등학생이 틴트 발라서 뭐 하냐, 틴트 바를 시간 있으면 공부나 해라." 이런 말은 하지 말아 주세요!

여기까지 쓰다가 잠깐 망설였다. 그동안 고수 앱을 들락

거리면서 모은 '콩'을 얼마나 걸어야 할지 고민이 되었기 때문이다. 다른 사람의 질문에 답변을 쓰고, 질문한 사람이 내 답변을 채택하면 '콩'을 받을 수 있다. 콩은 쉽게 말해서 마일리지 같은 것인데 고수 앱 외에는 받아 주는 곳이 없으니 딱히 쓸모가 없다. 그래서 고수 앱을 이용하는 고수들은 콩을 '내공'이라고 바꿔 부른다. '콩' 그러니까 내공이 높으면 높을수록 최고의 고수를 의미한다. 고수 앱 이용자들은 물질보다 명예를 좇는다고 할까?

> 답변이 채택되신 분께는 내공 25점을 드립니다.

고민 끝에 내가 가진 '콩' 전부를 걸었다. 그만큼 나에게 틴트는 사소하지만, 결코 사소하지 않은 중요한 문제였다.

"콩, 콩, 콩……."

질문을 올리자마자 알림이 울리기 시작했다. 가장 먼저 '달빛천사' 님의 답변이 올라왔다.

달빛천사 저는 엄마를 졸라서 스물네 개의 틴트를 샀는데, 그중에 오키토키의 오렌지 키키 틴트를 추천합니다. 틴트가 스물네 개나 있는데 오키토키 오렌지 키키는 거의 다 써 갑니다. 그만큼 좋다는 뜻이겠죠?

꿈토끼 안녕하세요!!! 초등학생들 사이에서 요즘 가장 핫한 틴트에 대해서 알려 드리겠습니다.

1위 비요세 - 체리 벨벳
2위 모찌모찌 - 크레용핑크
3위 차우차우 - 달달스트로베리
4위 요리코리 - 귀염뽀짝 물방울촉촉
5위 몽키차차 - 말랑말랑젤리팝

많은 사람들한테 사랑받는 데는 다 이유가 있겠죠? 특히 2위를 차지한 크레용핑크는 따끈따끈한 신상인데 출시한 지 하루 만에 인기 폭발!!! 운이 좋게도 '여우야'에서 내일까지 할인 행사를 하네요. 할인 행사 기간에는 싸게 살 수 있는 틴트가 많을 거예요. 게으름 피우지 말고 서두르세요. 마음 같아서는 10위까지 알려 드리고 싶지만, 학교에 지각하지 않으려면…… 꿈나라로 뿅!!!

걱정인형 틴트보다는 립스틱을 추천해요. 돈이 없다고 싼 거 바르지 마세요. 싼 틴트 바르면 입술 색이 빠져서 망해요! 입술 색 빠지고 나면 후회해도 소용없어요. 제 친구는 입술 색이 까맣게 변해서 한 학기 내내 학교에 마스크를 쓰고 다녔어요. 그리고 친구들과 틴트 돌려 쓰지 마세요. 우리 눈에는 안 보이지만 침 한 방울에도 세균이 어마어마하답니다.

똑바로 살자 화장은 대학에 가서 해도 늦지 않으니까 틴트 고를 시간에 공부나 하세요!

방구석 고수 나는 중학생이니까 일단 말을 놓을게. 현재 18개의 틴트를 가지고 있고, 친구들 것까지 무수히 많은 틴트를 사용해 본 1인이야. 결론부터 말하자면, 틴트는 모두 거기서 거기야. 틴트 고를 때는 세 가지만 주의하면 돼.
첫째, 발랐을 때 사용감이 가벼운가?
둘째, 오래 지속되는가?
셋째, 자기 전에 전용 클렌징 오일로 잘 지울 것!

> **즐화장** 탱글탱글 앵두알 틴트 추천해요. 값이 저렴해서 별 기대 없이 샀는데 처음에 바를 때는 쥐 잡아먹은 빨간색이다가 시간이 지나면 분홍색으로 바뀌어요. 기대 이상이었어요. 완전 인생템!!! 도움이 되셨다면, 답변 채택 부탁드려요^^

밤 10시가 가까워지면서 답변 알림이 띄엄띄엄 울렸다. 나는 '즐화장' 님의 답변까지 읽고 스마트폰 전원을 껐다. 침대 속으로 들어가자마자, 머릿속에서 틴트들이 밤하늘의 별처럼 반짝거렸다. 어떤 틴트를 사면 좋을지 고민하다 보니 서글픈 현실을 잠시 잊을 수 있었다.

"하나, 둘, 셋, 넷, 다섯……."

틴트의 개수를 세다가 스르르 눈이 감겼다.

초인종을 누를까 말까?

아침에 눈을 뜨자, 틴트는 흔적도 없이 사라지고 없었다. 나는 행운약국 2층 방에 누워 있었다. 현실은 그대로였다.

나는 고수 앱을 열어서 '꿈토끼' 님의 답변을 채택했다. 그와 동시에 콩 25개를 꿈토끼 님에게 보냈다. "크레용핑크가 저한테 잘 어울릴 것 같아요. 꿈토끼 님, 고맙습니다!"라는 인사말도 잊지 않고 대화창에 남겼다.

꿈토끼 님이 '콩'을 받았습니다.
딸기우유 제일조아 님 게시글에 댓글이 달렸습니다.

꿈토끼: 제 답변을 채택해 주셔서 고맙습니다!

댓글을 확인해 보니 꿈토끼 님이 작성한 글이었다. 나는 학교가 끝나는 대로 '여우야'에 들러야겠다고 생각했다. 여우야는 초등학생에게 사랑받는 화장품 가게 이름이다.

학교에 가기 위해 집을 나섰다. 어제 약속한 대로 유나네 집 앞으로 갔다. 유나네 집 현관문은 굳게 닫혀 있었다. 약속된 시간에서 10분이 지나자 조금씩 초조해지기 시작했다.

'초인종을 누를까 말까?'

나는 초인종 앞을 똥 마려운 강아지처럼 왔다 갔다 했다. 내가 집 앞에 도착해서 기다린다는 걸 알려 주는 편이 좋을 것 같았다. 그냥 잠자코 기다리면 내가 오지 않은 줄 알고 유나가 집 안에서 하염없이 기다릴지도 모르니까. 고민 끝에 마침내 결단을 내렸다. 숨을 크게 내쉰 다음, 용기를 내어 조심스럽게 초인종을 눌렀다.

'고작 초인종을 누르는 건데 이렇게까지 용기를 내야 할 일인지······.'

수아와 현주네 집이라면 나올 때까지 고래고래 이름을 불렀을 것이다.

'혹시 초인종 소리가 방해가 된 것은 아닐까?'

유나네 식구들이 집을 나설 준비로 정신없이 바쁠지도 모르는데, 나까지 한몫 보탠 것 같아서 미안한 마음이 들었다.

현관문 밖에서 기다린 지 20분이 지났을 때, 드디어 유나가 모습을 드러냈다.

"전학생, 너는 어쩜 그렇게 센스가 없니?"

나를 보자마자 유나가 눈을 흘겼다.

"……."

무슨 뜻인지 모르겠어서 나는 유나의 얼굴을 멀뚱멀뚱 쳐다보았다.

"내가 나오기 직전에 미리 엘리베이터 버튼을 눌렀어야지. 한참 기다려야 하잖아."

유나가 턱짓으로 엘리베이터를 가리켰다. 엘리베이터는 아래로 내려가고 있는 중이었다. 1층까지 내려갔다가 다시 올라오려면 오래 걸릴 것 같았다. 그제야 유나의 말이 이해가 되었다.

그렇더라도 20분 넘게 기다렸는데 사과는커녕 다짜고짜 짜증부터 내는 유나의 행동에 살짝 기분이 상했다. "나는

20분 넘게 기다렸단 말이야!"라고 따지고 싶었지만 정작 입 밖으로 나온 말은 사과였다.

"아차, 그 생각을 못 했네. 미안!"

"친구 사이에도 센스가 있으면 좋잖아."

"그렇지……."

듣고 보니 유나의 말이 맞는 것 같았다. 친구 사이에도 센스가 있으면 좋을 것 같았다. 역시 유나가 아이들 사이에서 인기가 많은 이유가 있었다.

18층, 17층, 16층, 14층, 13층, 9층……. 엘리베이터가 거의 층층마다 멈추다시피 했다. 그때마다 엘리베이터 안으로 사람들이 밀려 들어왔다.

9층에서는 배가 수박만 한 아줌마가 유모차까지 밀고 들어왔다. 유모차 안에는 두 살 정도로 보이는 여자아이가 앉아 있었는데 낯을 가리는지 금방이라도 울음을 터트릴 것처럼 입을 삐죽거렸다.

아줌마 등 뒤로 유치원 가방을 멘 남자아이가 씽씽카를 끌며 들어왔다. 남자아이의 씽씽카가 문틈에 끼는 바람에 엘리베이터 문이 열렸다가 다시 닫혔다. 무려 세 번씩이나!

내려가던 엘리베이터가 5층에서 멈췄다. 엘리베이터 문이 열리자, 아저씨가 풀어진 구두끈을 묶고 있는 모습이 보였다. 9층에서 탔던 아줌마는 5층 아저씨가 구두끈을 마저 묶고 탈 수 있도록 '열림' 버튼을 눌러 기다려 주었다.

"고맙습니다!"

5층 아저씨가 고개를 숙이면서 안으로 걸어 들어왔다. 엘리베이터 안이 숨 막힐 정도로 꽉 찼다. 센스를 발휘했더라면 이 고생을 하지 않아도 되었을 텐데 유나한테 미안한 마음이 들었다.

"으아앙!"

유모차에 앉아 있던 여자아이가 마침내 참았던 울음을 터뜨렸다. 등줄기를 타고 식은땀이 주르륵 흘러내렸다. 엘리베이터가 1층에 닿기까지 10년은 걸린 것 같았다.

횡단보도 앞에 멈춰 신호가 바뀌기를 기다리는 동안 유나가 책가방에서 화장품이 담긴 앙증맞은 주머니를 꺼냈다.

"전학생 너는 화장품 없어?"

틴트를 바르면서 유나가 물었다.

"엄마가 화장하는 걸 싫어해."

나는 엄마 핑계를 댔다.

"너 참 바보 같다. 좀 답답하기고 하고."

바보같다니, 처음 듣는 말이었다. 자랑 같겠지만 욕쟁이 할머니는 나에게 항상 똘똘한 아이라고 말했다. 선생님에게도 야무지고 꼼꼼한 학생이라며 칭찬받은 적이 있었고, 또 수아만큼은 아니지만 수학도 잘하고 다른 과목 성적도 그러저럭 괜찮았다. 대체 어느 점이 바보 같다는 걸까? 알게 된 지 얼마 되지도 않았으면서…….

"뭐가?"

"엄마 몰래 하면 되지."

유나가 핀잔하듯 말했다.

"엄마를 속이는 건 좀……."

나는 말끝을 흐렸다.

"대박! 너 정말 대단하다."

"뭐가?"

"엄마 말을 잘 듣는 대단한 효녀라고."

유나가 나를 어린애 취급했다. 나는 유나에게 어린애 취급을 당하고 싶지가 않았다. 어린애 같다는 이유로 유나가 나를 싫어하게 될까 봐 마음이 불안했다. 무엇보다 유나한테 잘못 보이는 날엔 왕따가 되는 게 불을 보듯 뻔했다.

"그렇지 않아도 엄마 몰래 틴트 사려고 용돈 가지고 나왔어."

나는 화제를 다른 곳으로 돌리기 위해 틴트 이야기를 꺼냈다.

"어머, 정말? 생각해 둔 틴트는 있어?"

틴트 이야기를 꺼내자 유나의 얼굴에 생기가 넘쳤다. 유나가 흥미를 보이자 화제를 바꾸기 잘했다는 생각이 들었다.

"모찌모찌 화장품 회사에서 새롭게 출시한 크레용핑크!"

나는 자신감이 넘치는 목소리로 1초의 망설임도 없이 대답했다.

"좋아, 당장 가자!"

신호등이 초록불로 바뀌자, 유나가 뛰면서 말했다.

"어디?"

"가 보면 알아!"

유나는 어디로 튈지 모르는 탱탱볼 같았다. 어떤 결정을 내려야 할 때 여러 번 생각하는 나와는 전혀 달랐다.

유나는 횡단보도 맞은편에 있는 여우야 화장품 가게를 향해 직진했다. 화장품 가게에는 화장품은 물론이고 마사지할 때 사용하는 도구도 있었고, 머리를 정리할 때 쓰는 찍찍이가 붙어 있는 머리핀, 면도기, 속눈썹, 가발, 향수, 손톱깎이, 염색약…… 외모를 가꾸는 데 필요한 모든 물건들이 있었다.

그냥 좀 운이 나빴다고 생각해

"어때?"

나는 '우아, 예쁘다.', '잘 어울린다.', '완전 너한테 찰떡!'과 같은 대답을 기대하면서 크레용핑크를 바른 입술을 유나를 향해 금붕어처럼 뻐끔거렸다.

"완전 별로야!"

유나가 더 이상 생각할 가치도 없다는 듯이 딱 잘라 말했다. 민망해서 얼굴이 화끈거렸다. 유나의 말에 금세 기가 죽었다.

'내가 좀 보는 눈이 없긴 하지.'

유나의 말에 기분이 나쁘기는커녕 나 자신을 탓했다. 화장에 대해 아무것도 모르는 나보다 관심과 경험이 많은 유나의 말이 맞을 것이라 생각했다.

아무래도 나는 금붕어가 아니라 개복치인 모양이다. 다 자란 개복치는 보통 2미터 정도에 몸무게가 1톤이 넘는다. 어떤 개복치는 최대 4미터에 3톤에 가까운 몸무게를 자랑하기도 한다. 한마디로 말해서 개복치는 몸집이 큰 물고기다. 그런데 사람들은 깨지기 쉬운 '유리 멘탈'을 가진 사람을 개복치에 빗대어 말한다.

개복치에게 '유리 멘탈'이라는 불명예가 붙은 데에는 여러 가지 이야기가 전해진다. 대략 정리하면 다음과 같다.

아침 햇빛이 너무 눈부셔서 사망, 바닷속 공기 방울이 눈에 들어가서 쇼크로 사망, 마주 오는 바다거북과 부딪힐까 봐 무서워서 스트레스로 사망. 너무 바다 깊숙이 내려가 저체온증으로 사망, 물고기 뼈가 목에 걸려 사망, 근처에 있던 동료가 죽은 것을 보고 심장마비로 사망……. 개복치 사망 이유에 대해 인터넷에 떠도는 이야기는 셀 수 없을 정도로 많다. 개복치에 대한 이야기가 어디까지 진실인지는 알 수 없지만, 어쨌든 나도 개복치만큼 유리 멘탈이라는 점만은 분명하다.

"이것 발라 봐."

유나가 탱글탱글 앵두알 틴트를 내밀었다. 빨간색 케이스가 어른스러워 보였다.

'발라 보는 것쯤이야.'

가벼운 마음으로 틴트를 발랐다. 과연 '즐화장' 님의 의견처럼 순식간에 쥐 잡아먹은 빨간 입술로 바뀌었다.

'시간이 지나면서 분홍색으로 바뀌어요.'

즐화장 님의 말을 믿고 기다렸다. 10초, 20초, 1분, 2분, 3분……. 살짝 바뀐 것 같기도 하고 그대로인 것 같기도 하고……. 눈으로 봤을 때 큰 차이가 없는 것 같았다. 그럼에도 굳이 차이점을 찾는다면, 빨간색에 가까운 다홍색이라고나 할까? 어쨌든 내 눈에는 쥐 잡아먹은 빨간색으로 보였다. 생각해 보고 말고 할 필요도 없이 나와는 전혀 어울리지 않는 색이었다. 누가 공짜로 준다고 해도 싫었다.

"너랑 완전 찰떡!"

내 생각과는 정반대로 유나는 나한테 잘 어울린다면서 호들갑을 떨었다.

"그렇게 예쁘면 유나 너도 한번 발라 볼래?"

앵두알 틴트를 면봉에 찍어서 유나에게 내밀었다.

"내 스타일은 아니야. 너한테 양보할게."

유나가 손사래를 치면서 뒷걸음질을 쳤다.

"그래, 좋아. 앵두알 틴트로 결정했어!"

나는 '양보'라는 말이 마음에 들었다. '양보를 할 만큼 유나가 나를 생각해 주는구나.' 하는 생각이 들자 마치 내가 중요한 사람이 된 것 같았다. 내 지갑에는 5천 원짜리 지폐 한 장과 천 원짜리 지폐 두 장이 들어 있었다. 정확하게 7천 원이다. 7천 원이 나의 전 재산이었다. 전 재산을 털어서 틴트를 사는 것이 맞을까? 잠깐 망설여졌다.

전 재산으로 틴트를 사면, 다른 필요한 물건들을 사는 건 나중으로 미루거나 어쩌면 포기해야 할지도 모른다. 오랜 망설임 끝에 틴트를 사야 한다는 결론에 이르렀다. 유나와 어울리기 위해서라면 내 전 재산 7천 원을 다 내놓아도 아깝지 않을 것 같았다. 나는 유나의 의견을 따르기로 결정했다. 무엇보다 유나는 패션 감각이 남다르니까 유나의 생각이 맞을 거라고 여겼다.

"나미래, 누가 학교에 화장하고 오래? 당장 세수하고 와!"

어제 아빠가 그랬던 것처럼 선생님이 나를 보자마자 야단을 쳤다.

"화장 안 했는데요, 틴트만 발랐는데요."

겨우 틴트만 바른 것을 가지고 '화장'을 했다고 야단맞은 것에 억울한 마음이 들어서 나도 모르게 그만 대꾸를 하고 말았다.

"틴트도 화장품이야!"

나뿐만 아니라 화장한 아이들이 많은데, 어떤 여자아이는 눈 화장까지 한 티가 팍팍 나는데, 선생님 눈에는 왜 나만 보이는 것일까? 하고 싶은 말이 많았지만 나는 입을 꾹 다문 채 교실을 빠져나갔다. 아이들뿐만 아니라 선생님하고도 사이좋게 잘 지내고 싶었기 때문이다.

세수를 하고 교실로 돌아오자 교실 안이 소란스러웠다.

"이 녀석들아, 제발 철 좀 들어라!"

수업 중간에 들어가서 앞부분의 말은 듣지 못했지만, 선생님이 아이들을 향해 고래고래 소리를 지르고 있었다.

"에이, 무겁게 철은 왜 들어요!"

유나가 장난스럽게 선생님의 말을 맞받아쳤다.

"유나 말이 맞아요! 철은 들어 봤자 힘만 든다고요!"

아이들이 맞장구를 쳤다. 유나의 재치 있는 말 덕분인지 교실 안은 웃음으로 가득했다. 유나는 눈치가 빨라 선생님의 기분도 잘 살피고, 아이들 사이에서 분위기 파악도 잘했다. 어색하고 딱딱한 분위기를 말랑말랑하게 만드는 재주가 있었다.

나는 무거운 마음으로 조용히 자리에 앉았다. 웃고 떠드는 데 정신이 팔려서 아무도 나에게 눈길을 주지 않았다. 큰별초등학교에 다닐 때는 나도 잘 웃는 아이였는데, 어둥초등학교에서는 어떻게 된 일인지 자꾸만 눈치를 보게 되고, 몸이 움츠러들었다.

"왜 이렇게 오래 걸렸어?"

유나가 알은체를 했다.

"뭐, 그냥."

"화장한 아이들이 많은데, 담임 선생님한테 너만 혼나서 속상하겠다. 그냥 좀 운이 나빴다고 생각해."

"응."

내 마음을 알아주는 유나 덕분에 억울한 마음이 조금 풀린 것 같았다. 반에서 나를 생각해 주는 사람은 역시 유나밖에 없었다.

다음 날도 유나는 약속한 시간에서 18분이나 늦었다. 15분이 지나면서 초인종을 누를까 말까 고민하고 있을 때 유나네 집 현관문이 열렸다.

"이 운동화 어때?"

유나가 신발장에 붙어 있는 거울 앞에 서서 물었다.

"잘 어울려. 이러다 지각하겠다. 빨리 가자!"

나는 엘리베이터를 향해 걸어가면서 말했다. 엘리베이터 버튼을 미리 눌러 놓았기 때문에 곧바로 탈 수 있었다. 엘리베이터를 이용하는 사람이 없어서가 아니라 내가 엘리베이터 버튼을 수차례 눌렀기 때문이다.

"죄송합니다. 먼저 내려가세요."

엘리베이터가 멈추고 문이 열릴 때마다 안에 타고 있는 사람들에게 머리를 주억거린 결과였다.

"아무래도 옷차림과 잘 안 맞는 것 같아."

유나는 서너 켤레의 운동화를 신었다 벗었다 하더니만 결국 처음에 신었던 운동화로 갈아신고 겨우 집을 나섰다. 그 바람에 24층에 있던 엘리베이터가 내려가 버렸다.

"전학생, 너는 외모를 가꾸는 데 관심이 없나 봐."

유나가 내 운동화에 눈길을 주면서 말했다. 전학 온 날부터 계속 같은 운동화를 신고 다니는 것을 보고 한 말 같았다. 외모에 관심이 없기도 하지만, 지금 상황에서는 선택의 여지가 없다고 해야 더 맞을 것이다. 캐리어에 옷은 몇 벌 챙겨 가지고 나왔지만, 정신이 없어 운동화는 그날 신고 나온 것이 전부였다.

"내가 외모에 별로 관심이 없는 편이긴 하지."

나는 유나를 향해 어깨를 으쓱였다. 엘리베이터 안에서 유나는 정면만 바라보고 있었다. 유나의 얼굴이 약간 굳어 있는 것 같았다. 꼭 화난 사람처럼.

'내가 뭘 잘못했나? 앞으로 나도 유나처럼 외모에 관심을 가져야 하나…….'

내가 유나의 기분을 망친 것 같아 왠지 모르게 죄책감이 들었다.

"전학생…… 아니다."

엘리베이터에서 내려 유나는 나에게 무슨 말인가를 하려다가 그만두었다. 유나는 눈을 내리깔고 걷는 데 열중했다. 분위기가 냉랭했다.

"저기, 유나야, 미안해. 난 그저……."

몸이 찌그러진 생수병처럼 쪼그라들면서 목소리마저 갈라져서 나왔다.

"네가 사과할 일이 뭐가 있다고 그러니? 별 소리를 다 한다."

유나가 웃으면서 손사래를 쳤다. 하지만 내 기분은 나아지지가 않았다. 머릿속에 먹구름이 잔뜩 낀 것 같았다. 유나의 손짓, 몸짓, 눈짓 하나하나에 움찔움찔 놀라는 개복치 같았다.

수아나 현주가 지금 내 모습을 보았다면 뭐라고 할까. "그냥 운동화일 뿐이야. 그러거나 말거나 신경 꺼."라며 운동화가 아닌 '나'를 바라봐 주었을 것이다. 수아와 현주가 그리웠다.

자꾸 미안하다고 말해서 미안해

나는 학교에 가기 위해 아침 일찍 행복약국을 나섰다. 아빠 말처럼 엎어지면 코 닿을 만큼 가까운 거리인데도 아침 일찍 나서는 이유는 유나네 집에 들르기 위해서였다. 이제는 아침마다 유나네 집에 들르는 것이 당연한 일이 되어 버렸다.

내가 기억하는 한 유나는 단 한 번도 제시간에 나온 적이 없었다. 앞머리가 마음에 들지 않아서, 이 옷 저 옷 입어 보느라, 티셔츠에 김칫국이 튀어서…… 이런저런 이유로 나를 현관문 앞에 세워 두었다. 어떤 날은 학교 앞까지 왔을 때 옷과 머리띠가 서로 안 어울린다면서 되돌아가 머리

띠를 바꾸는 바람에 지각을 한 날도 있었다.

"아침에 제시간에 나오면 안 돼? 18분이나 기다렸어."

나는 처음으로 유나에게 내 생각을 말했다. 참고 참다가 겨우 용기를 내어 한 말이었다.

"뭐야, 지금 나한테 화난 거야?"

유나가 의외라는 듯이 두 눈을 동그랗게 떴다.

"화난 것이 아니라 20분이나 밖에서 기다리다 보니까 다리도 아프고……."

"20분 아니고 18분! 방금 네가 18분이라고 했잖아."

"아, 미안. 18분을 밖에서 기다리다 보니까 다리도 아프고, 시간도 아깝고, 더 늦어지면 학교에 지각할까 봐 걱정도 되고……."

"고작 18분 늦은 것 가지고, 친구 사이에 그런 것도 이해 못 하니? 나는 그동안 너를 위해서 더한 일도 했는데!"

유나가 말하는 더한 일이란 나를 위해서 자기 집에 아이들을 초대하고 여우야에서 틴트를 골라 준 일을 의미하는 걸 거다. 두 가지 일 모두 결과가 좋지 못했지만, 유나의 마음이 담겨 있으니 뭐라고 따질 수도 없는 노릇이었다.

"별것도 아닌 일에 화내서 미안해."

유나가 화를 내는 바람에 나는 결국 사과를 하고 말았다.

문제는 바로 다음 날이었다. 어제 내가 했던 말 때문이었는지 유나가 약속된 시간보다 일찍 나온 모양이었다. 나는 그런 줄도 모르고 약간 늦게 유나네 집으로 갔다.

밤새 배가 아파서 잠을 설쳤다. 아침에 몸을 일으키는데 아랫배가 묵직해지더니 뜨뜻미지근한 무언가가 아래로 울컥 쏟아졌다. 팬티에서 서늘한 기운이 느껴졌다. 낯선 느낌에 화들짝 놀란 나는 잠옷을 들춰 보았다. 맙소사, 드디어 나도 마법에 걸렸다. 첫 생리였다.

생리에 대해 수아와 현주에게 귀가 따갑게 들어왔기 때문에 잘 대처할 거라고 생각했는데, 막상 닥치고 보니 백지장처럼 머릿속이 하얗게 되었다. 아무 생각도 떠오르지 않았다. 허둥지둥 책가방을 뒤져 보니 한 개뿐이지만 생리대가 있었다. 새로운 팬티에 생리대를 붙인 후, 아빠와 아줌마가 눈치채지 못하게 벗은 팬티를 빨았다.

수아는 3월, 현주는 5월에 첫 생리를 했다. 수아는 삼총사 중에 생일이 가장 느리지만, 가장 먼저 첫 생리를 했으니 자기가 제일 언니라며 뻐기곤 했다. 생리를 해서인지 수아의 가슴은 나날이 봉긋해졌다. 여자만이 누릴 수 있는 기쁨이라면서 수아는 여성의 신체적 특징, 그러니까 규칙적인 생리와 봉긋한 가슴을 매우 자랑스럽게 여겼다.

반면, 현주는 생리 기간이 되면 침울해졌다. 눈에 띄게 움직임이 줄어들고 식욕마저 줄었다. 생리통이 심한 날은 물 한 모금 삼키지 못해 거의 반죽음 상태였다. 수아만큼은 아니지만, 현주 역시 브래지어를 해야 할 만큼의 가슴을 가지고 있었다. 그런데 현주는 수아와 다르게 브래지어가 갑갑하다면서 투정을 부렸다. 생리 기간 때마다 끙끙 앓는 현주를 수아는 그냥 보아 넘기는 법이 없었다.

"꼭 이렇게 유난을 떨어야 속이 시원해?"

이런 소리를 하며 현주의 속을 박박 긁으면서도 딸기 우유와 참치가 든 삼각 김밥을 현주에게 주는 걸 잊은 적이 없다. 수아가 사랑에 죽고 못 사는 한편, 현주는 먹을 것에 죽고 못 살았다. 특히 참치가 들어간 삼각 김밥을 보면 자다가도 벌떡 일어나고는 했다. 하지만 생리 기간에는 참치가 들어간 삼각 김밥을 보고도 건전지가 떨어진 장난감 인

형처럼 웅크리고 앉아 있었다.

"나도 유난 떨지 않고 생리를 의연하게 치르고 싶어. 하지만 생리는 아주, 매우, 무척, 우주 최강 난감한 문제라서……."

"결론만 말해!"

"그러니까 내 말은 의지만으로 되는 것이 아니란 거야. 생리 기간에 아무런 티를 내지 않는다는 건, 전교 1등을 하는 것보다도 더 어려울 것 같아."

현주는 다 죽어 가는 목소리로 수아에게 말하곤 했다.

"저 꼴을 평생 어떻게 보고 살지. 아이고, 내 팔자야!"

수아가 어른 흉내를 내면서 팔자 타령을 했다. 입으로는 신세 한탄을 하면서도 눈은 걱정이 가득했다. 다행히도 생리가 끝나면 언제 그랬냐는 듯이 현주가 되살아났다. 나는 그런 수아와 현주를 부러움 반 걱정 반으로 바라보고는 했다. 부러움은 수아와 현주가 말끝마다 "어린이는 좀 빠져 주시지.", "이 언니들 생각에는 말이야…….'라는 수식어를 붙일 때마다 은근히 자존심이 상해서 첫 생리를 손꼽아 기다리던 것에서 생겨난 마음이다. 나머지 걱정은 '현주처럼 죽을 둥 살 둥 아프면 어쩌지?' 하는 불안과 공포에서 생겨난 마음이다. 하지만 한편으로는 같은 반 여자아이들 대부분이 생리를 하고 있었기 때문에 나 혼자 영원히 어린아이의 몸에 갇혀 있게 될까 봐 초조한 마음도 컸다.

"미래야, 혹시 생리대 좀 빌릴 수 있을까?"

"야, 미래 아직 생리 안 하잖아."

"아, 맞다. 깜빡했네. 미안!"

아직 생리를 하지 않는다는 사실을 알면서도 일부러 짓궂게 골탕을 먹이려는 여자아이들이 종종 있었다.

"나 생리대 있어!"

나는 보란 듯이 비상용으로 가지고 다니던 생리대를 효원이라는 아이의 손에 턱 쥐여 주었다. 그 덕분에 효원이는 남자아이들의 시선을 한 몸에 받았다. 효원이의 얼굴이 교과서에서 본 마그마처럼 빨개졌다. 주먹도 부들부들 떨렸다. 나와 싸워 봤자 아이들의 관심만 더 받게 된다는 것을 알기에 가까스로 참는 눈치였다. 이 광경을 목격한 수아와 현주는 자신의 일처럼 격렬한 반응을 보였다.

"효원이가 미래한테 일부러 못되게 굴었어!"

현주가 분통을 터트린 반면,

"한 방 제대로 먹였네. 잘했어, 친구!"

수아는 크게 기뻐했다. 그 일로 수아와 현주는 내가 첫 생리를 하면 성대한 축하 파티를 열어 주기로 약속하며 손가락까지 걸었다. 이 모든 기억이 빛바랜 일기장처럼 희미했다.

'하필이면 이럴 때 생리를 하다니…….'

때가 좋지 않았다. 정말이지 인생은 마음먹은 대로 풀리지 않는 것 같다. 지금 내 곁에는 축하해 줄 사람이 단 한 사람도 없을뿐더러 빈털터리 신세라 생리대를 살 돈마저 없었다. 축하를 받아야 할 날에 외롭고 쓸쓸한, 세상에서 가장 불행한 아이가 된 것 같았다. 지난번에 효원이에게 나눠 준 비상용 생리대가 아까울 지경이었다.

아픈 배를 움켜쥐고 겨우 유나네 집 앞에 도착했을 때는 약속된 시간에서 정확히 5분이 늦은 시간이었다. 바윗덩어리가 짓누르고 있는 것처럼 배가 묵직하면서 이마와 등줄기에서는 식은땀이 비 오듯이 쏟아졌다. 그런데 유나는 아랑곳하지 않고 씩씩거렸다.

"늦으면 늦는다고 전화라도 하지."

"내가 조금 늦었구나. 기다리게 해서 미안."

"5분 전부터 나와서 기다렸으니까 10분 늦었어. 10분이나 기다리게 해 놓고는 조금이라니."

5분 먼저 나와서 기다리라고 한 적도 없는데 유나는 10분이나 기다리게 했다면서 불같이 화를 냈다.

"10분이나 기다리게 해서 정말 미안해."

이번에도 내가 먼저 유나에게 사과를 했다. 어쩔 수 없이 그렇게 된다. 유나와 계속 친구 하려면 그 방법밖에 없는 것 같았기 때문이다.

"네가 늦어서 이러는 거 아니야. 기다리는 동안 무슨 일이 생긴 건 아닌지 걱정되었단 말이야. 기다리는 사람 생각도 해야지."

"걱정시켜서 진짜 미안해. 그만 화 풀어."

"나 화 안 났어. 그러니까 나쁜 사람 만들지 마."

누가 봐도 화가 난 표정과 목소리인데 유나는 화가 난 것이 아니라 걱정했다고 우겼다.

"내가 다 잘못했어. 미안해."

"너는 미안하다는 말밖에 할 줄 모르니?"

"자꾸 미안하다고 말해서 미안해."

"알면 됐어. 다시는 그러지 마."

"응, 늦어서 정말 미안해."

내가 계속해서 미안하다고 하자, 겨우 유나의 화가 풀렸다. 유나에게 사과를 하느라 배가 아픈 것도 잠시 잊을 정도였다.

"나니까 너와 친구 해 주는 거야. 알지?"

"당연하지."

서로 마음이 맞거나 좋으면 친구를 하는 거지, 일부러 친구를 해 준다니……. 유나의 말이 이해가 되지 않았지만 나는 아무렇지도 않은 듯이 웃어넘겼다. 좋은 게 좋은 거니까.

"그런데 어제 선생님이 내준 수학 숙제는 다 했어?"

화가 풀린 유나가 팔짱을 끼면서 물었다.

"아차!"

숙제 공책을 책상 위에 올려놓고 온 것이 생각났다. 첫 생리로 당황한 나머지 숙제 공책을 까맣게 잊고 있었다.

"왜 그래?"

유나가 물었다.

"숙제 공책을 집에 놓고 왔어."

유나와 나는 행복약국에 들러 숙제 공책을 챙겼다.

"여기가 너희 집이구나."

유나는 뜻밖이라는 듯이 행복약국에서 눈을 못 뗐다.

"그게…… 그건 그렇고, 오늘 유나 네가 아니었으면 큰일 날 뻔했어."

나는 말머리를 돌려 유나 덕분에 숙제 공책을 챙겨 간 것에 고마움을 표시했다.

"다음부터는 잘 챙겨. 나 같은 친구 다시없을 거야."

"그래, 알아."

"알면 좀 잘해."

"응, 앞으로 내가 더 잘할게. 맹세해!"

나는 유나에게 맹세했다.

낯선 불청객

교실에 책가방을 놓아두고 곧장 보건실로 향했다. 생리대를 구하기 위해서였다. '뭐라고 말해야 하지?' 하고 생각하고 있을 때 보건 선생님이 생리대를 내밀었다. 표정만 보고도 무엇을 필요로 하는지 단박에 알아챈 것 같았다.

"처음에는 다 그래. 차차 익숙해질 거야."

보건 선생님이 별일 아니라는 듯이 말했다. 하지만 내 귀에는 '더 이상 어린아이가 아니란다.'라는 말처럼 들렸다. 어린 시절이 끝난 것 같았다.

배도 아프고, 뜨뜻미지근한 것이 흐르는 느낌도 소름 끼치고, 옷에 묻을까 봐 불안하고…… 마치 낯선 불청객이 내 인생에 끼어든 것만 같았다.

교실로 돌아온 나는 보건 선생님이 챙겨 준 일곱 개의 생리대를 가방에 넣었다.

"그날이구나?"

유나가 목소리를 낮추며 비밀스럽게 물었다. 나는 고개를 끄덕였다. 유나에게 첫 생리라고 말하려다가 그만두었다. 축하 파티를 벼르며 나의 첫 생리를 손꼽아 기다리던 수아와 현주가 생각났기 때문이다. 수아와 현주가 간절하게 보고 싶었다.

언젠가 수아와 현주가 생리 문제로 아옹다옹 말씨름을 한 적이 있었다. 수아는 생리를 '빨간 날'이라고 했다. "오늘은 빨간 날이야."라고 말하면 "생리 중이구나."라고 알아들어야 했다. 현주는 '생리'라고 직설적으로 말했다. 그러자 수아가 상상력을 발휘해서 자신만의 예쁜 말을 생각해 보라고 조언했다.

"생리를 생리라고 하면 되지. 뭣 하러 상상력을 낭비하니?"

"으이구! 현주 너랑 무슨 말을 하겠니? 말을 말아야지."

구제 불능이라는 듯이 수아가 현주를 향해 절레절레 고개를 저었다. 수아의 말과 행동은 잠자는 사자의 코털을 건드린 셈이 되었다. 열이 뻗친 현주가 팔을 걷어붙이면서 말을 쏟아 냈다.

"생리라는 분명한 명칭이 있는데 굳이 상상력까지 발휘해서 표현해야 하는 거야? 빙빙 돌려서 말하면 사람들이 못 알아듣잖아. 게다가 예쁘게 꾸며서 표현하는 것은 생리가 부끄럽기 때문인 거잖아. 생리는 부끄러운 일이 아니라 누구나 하는 자연스러운 일인데 왜 숨겨야 하냐는 거야. 생리대를 살 때도 무슨 불법을 저지르는 것처럼 비밀스럽게 사는 사람들을 보면 도무지 이해가 안 가."

"……."

현주의 말을 들은 수아는 돌멩이가 되어 아무 말도 못하고 잠자코 있었다. 심한 충격을 받은 모습이었다.

"생각해 보니 정말 그렇다. 생리를 하는 것은 부끄러운 일이 아닌데 왜 숨기려고 했지."

한동안 꿈쩍하지 않던 수아가 꿈에서 깬 것처럼 중얼거렸다. 이 정도면 현주 승! 수아와 현주는 논쟁이 붙었다 하면 서로를 이기려고 들었다. 둘 다 말발이 막상막하라서 무승부로 끝나기가 다반사지만, 이번에는 수아가 현주의 생각에 쿨하게 승복했다.

마법, 매직, 빨간 날, 그날, 달거리……. 현주는 전 세계적으로 다른 사람들이 알아듣지 못하도록 생리를 표현하는 은어가 5천 개도 넘는다는 통계까지 덧붙였다. 수아는 현주의 말에 고개를 끄덕였다. 그러고는 한마디 덧붙였다.

"생리를 생리라고 하는 것이 맞기는 한데, 그래도 나는 마법이라고 부르고 싶어. 아까처럼 부끄러워서가 아니라 여자가 되는 마법 같은 일이니까."

수아의 말에 현주가 고개를 끄덕였다. 우리 삼총사는 각기 부르고 싶은 대로 부르기로 합의를 봤다. 생리에 대한 현주의 생각도 멋지고, 현주의 말에 수긍하며 자신의 생각을 수정하는 수아의 모습도 멋졌다. 수아와 현주 같은 멋진 아이들을 친구로 둔 것이 뿌듯했다.

시원시원한 성격처럼 현주는 사흘 만에 짧고 굵게 생리를 해치웠지만, 수아는 찔끔찔끔 일주일 동안이나 생리를 했다. 나는 처음 생리를 하는 것이니 기간을 예측하기가 불가능했다.

생리대를 얼마나 자주 바꿔야 하는지도 알 수 없었다. 혹시 옷에 묻지는 않았을까 하고 쉬는 시간마다 화장실에 갔다. 다행히 양이 많지는 않았다. 점심시간에도 밥을 먹는 둥 마는 둥 하고 남은 시간 내내 화장실 변기에 앉아 있었다. 수업 준비 종이 울렸다. 나는 몸을 일으켜 교실로 향했다.

"주인한테 허락은 받은 거야?"

수호의 목소리가 들렸다. 수호는 내 짝꿍이다. 워낙 말이 없는 성격이라 겨우 눈인사 정도만 나눴을 뿐 대화를 제대로 나눈 적은 없었다.

"전학생과 나는 친한 사이라서 허락 같은 거 받을 필요 없거든."

곧이어 유나의 목소리가 들렸다.

"아무리 친한 사이라도 허락도 받지 않고 다른 사람의 책가방을 함부로 뒤지는 건 옳지 않아."

수호도 한 치의 물러남이 없었다.

"원래 단짝끼리는 서로의 물건을 내 것처럼 쓰는 거야."

유나가 수호를 쏘아보면서 내 책가방에서 공책을 꺼내

갔다. 공책을 돌려받기 위해 유나의 자리로 가려는데 담임 선생님이 교실 안으로 들어왔다. 하는 수 없이 자리로 돌아와 앉았다.

'유나가 내 공책을 왜 가져간 걸까?'

수업 시간 내내 다람쥐 쳇바퀴 돌듯이 같은 생각이 빙글빙글 돌았다. 5교시 수업이 끝났다. 40분이 마치 400년의 시간이 흐른 것처럼 여겨졌다. 수업 종이 울리자마자 유나 자리로 갔다.

"유나야, 내 공책 왜 가져갔어?"

"갑자기 생리를 하는 바람에 생리대가 필요했는데, 너는 자리에 없고 해서."

"생리대 말고 공책 말이야."

"생리대만 살짝 꺼내 가려고 했는데, 수호 때문에 보는 눈이 많아지는 바람에 생리대를 그냥 꺼낼 수가 있어야지. 그래서 공책 사이에 생리대를 끼워 가지고 꺼내느라……. 너 설마 수호 말처럼 나를 주인 허락도 받지 않고 물건을 함부로 가져다 쓰는 예의 없는 애로 생각하는 거야?"

유나가 두 눈을 동그랗게 뜨면서 따졌다.

"절대로 그런 거 아니야."

나는 손사래를 쳤다.

"절대로 그런 거 아니라니까 더 수상하다. 강한 부정은 강한 긍정의 뜻이기도 하니까. 나는 너를 단짝으로 생각했는데 너는 나를 친구로 생각하지 않았구나?"

유나가 매섭게 쏘아붙였다.

"너를 친구로 생각하지 않다니, 유나야, 절대로 그런 것 아니야."

나는 큰 잘못이라도 저지른 사람처럼 쩔쩔맸다.

"지금 네 말과 행동이 그렇잖아."

"내가 요즘 좀 정신이 없어서……. 미안해."

"그래, 알았어. 그럼 다음에도 네가 없을 때 필요한 물건이 있으면 가져다 써도 되는 거지? 서로의 물건을 스스럼없이 공유하는 건 절친끼리만 가능한 일이니까 말이야."

유나가 팔짱을 끼면서 물었다. 다시 생각해 보니 유나의 말처럼 단짝끼리 물건을 공유하는 게 당연한 것 같았다.

"그럼."

내 대답을 들은 유나는 보란 듯이 수호를 향해 혀를 쏙 내밀었다. 수호가 이해할 수 없다는 듯이 나를 빤히 쳐다보았다.

"수호는 너를 위하는 게 아니야. 수호의 말을 듣다가는 친한 친구를 한 명도 사귀지 못하게 될걸. 그러니까 내 말 들어. 우린 절친이잖아."

"맞아. 유나 너랑 나랑은 절친이니까!"

나는 유나의 말에 고개를 끄덕였다. 지금 나를 진심으로

생각해 주는 사람은 유나밖에 없는 것 같았다. 내가 믿고 의지할 수 있는 사람도 유나뿐이라는 생각이 들었다.

집에 돌아와서야 유나에게 공책을 돌려받지 못했다는 사실과 함께 유나가 생리대를 두 개나 가져갔다는 사실을 깨달았다. 보건 선생님은 생리대를 자주 갈아 주라고 했지만 생리대를 살 돈도, 이런 이야기를 할 엄마도 없는 나는 그럴 수가 없었다. 버티고 버텨서 겨우 두 개만 썼는데 이제 남은 생리대는 고작 세 개였다. 세 개의 생리대로 남은 생리 기간을 버틸 수 있을까? 어쩌면 내일 유나가 생리대를 갚지 않을까? 그랬으면 좋겠는데…….

절망감에 다리에서 힘이 쪽 빠졌다. 마음속에 짙은 먹구름이 내려앉는 것 같았다. 눈물이 양 볼을 타고 흘렀다. 흐느껴 울고 싶었지만 나는 재빨리 눈물을 닦았다. 오늘은 낯선 불청객인 생리 때문에 혼란스럽고 힘든 날이었으니 빨리 자야겠다고 생각했다.

생리가 매트리스나 이불에 묻을까 봐 맨바닥에 누웠다. 차갑고 딱딱해서 불편했다. 하지만 큰 상관은 없었다. 어차피 편히 잠들기는 글렀으니까.

차라리 복잡하고
어려운 수학 문제라면 좋겠다

"넌 우리가 절친이라고 말해 놓고 나를 속였어."

아침에 나를 보자마자 유나가 밑도 끝도 없이 말을 툭 던졌다. 도대체 무슨 말을 하는 것인지 전혀 짐작이 가지 않았다.

"행복약국 아줌마 진짜 엄마 아니잖아."

유나의 말에 심장이 쿵 떨어졌다. 거울을 보지 않아도 얼굴이 새빨갛다는 걸 알 수 있을 만큼 귀뺨이 화끈거렸다. 온 세상이 멈춘 것처럼 옴싹달싹할 수가 없었다. 주변 공기마저 꽁꽁 얼어 버린 것 같았다. 현주는 누구나 살다 보면 마주하고 싶지 않은 순간이 있다고 입버릇처럼 말하고는 했다. 그때는 막연하게 숨기고 싶은 성적표를 들켰을 때라든지, 좋아하는 우진이 앞에서 우스꽝스럽게 넘어지는 순간처럼 부끄럽고 창피한 일을 떠올리며 현주의 말에 맞장구를 쳤었다. 그런데 그게 아니었다. 바로 이런 순간을 두고 한 말인 것 같았다.

생각해 보니 어제 유나가 생리대를 끼워 간 공책이 일기장이었다. 일기장에는 아빠와 함께 집을 나오게 된 순간부터 행복약국에서 지내게 된 이야기가 빠짐없이 쓰여 있었다. 유나가 다 읽은 모양이었다.

"속이려던 것이 아니라……."

나는 입술을 달싹거렸다. 큰 잘못이라도 저지른 사람처럼 쩔쩔맸다.

"좀 더 친해지면 말하려고 했는데……."

어떻게든 유나를 달래고 싶었다.

"어쩌면 부모님이 이혼할지도 몰라."

마음이 썩 내키지는 않았지만 복잡한 가정 이야기를 털어놨다. 어렵게 말을 마친 나는 야단을 맞는 어린아이처럼 유나의 눈치를 살폈다. 유나가 나를 한동안 말없이 바라보았다. 유나의 생각을 들여다볼 수 있다면 좋으련만, 유나의 생각을 알 길이 없어 조마조마했다.

　전학 온 이후 친구라고는 유나밖에 없었다. 몇몇 아이들이 나에게 말을 붙이기도 했지만, 그때마다 유나는 걱정이 가득한 얼굴로 친해지지 말라고 말했다. 얌전하게 생긴 외모와 다르게 말과 행동이 거친 애라는 둥, 아이들 사이에서 은근히 따돌림을 당하는 아이라 함께 어울리면 나도 따돌림을 당할 것이라는 둥, 쟤는 머리를 잘 감지 않아서 머리에서 종종 냄새가 난다는 둥……. 친하게 지내지 말라는 것이었다. 그때마다 나를 생각해 주는 유나의 마음이 전해져서 유나 말을 들었다.

　머릿속에서 '지금 유나를 잃는다면 왕따가 될 거야.'라는 생각이 비눗방울처럼 동동 떠다녔다. 유나와 사이가 틀어지면 내일부터 시작될 왕따로서의 학교생활이 두렵고 무서웠다. 유나의 눈동자에 비친 내 모습이 몹시 초조해 보였다.

　"유나야, 미리 말하지 못해서 미안해. 지금 나한테는 너밖에 없어. 그러니까 제발 나를 버리지 말아 줘."

　유나와의 사이에서는 왜 항상 이런 결말이 나오는 것일

까? 방금 내뱉은 말을 주워 담고 싶었다. 특히 미안하다는 말 다음에 한 말은 하지 말았어야 했다. 수학 선생님 눈에 띄기 위해 공부를 열심히 하는 수아에게 현주가 "사랑은 구걸해서 되는 것이 아니야."라고 했던 말이 떠올랐다. 곧바로 수아가 현주에게 "구걸이 아니라 구애야!"라고 맞받아쳤었다. 지금 내 모습을 현주가 보았다면 '친구는 구걸하는 게 아니야.'라고 버럭 소리를 질렀을 것이다.

"괜찮아. 이해해."

유나가 마지못해 나의 사과를 받아 주었다.

"고마워. 정말 미안해."

나는 유나를 향해 힘없이 웃었다. 친구 관계가 잘못되어 가고 있다는 것을 알면서도 나는 또다시 잘못된 선택을 하고 말았다. 하지만 지금 내가 할 수 있는 선택은 그것뿐인 것 같았다.

"약국 안에 생리대가 쌓여 있을 텐데 그런 것도 네 마음대로 못 쓰니?"

보건실에서 생리대를 받아 오는 것을 보고 유나가 말했다. 나는 죄지은 사람처럼 움찔했다.

"진짜 엄마들은 안 그래. 새엄마라서 그런 거야!"

유나의 말을 누가 들을까 봐서 주위를 두리번거렸다. 다행히 들은 사람은 없는 것 같았다.

"휴!"

나도 모르게 깊은 한숨이 새어 나왔다. 하지만 수업을 하는 동안 유나의 말이 머릿속을 가득 메웠다.

"진짜 엄마들은 안 그래. 새엄마라서 그런 거야!"

그렇지 않아도 싫었는데, 행복약국 아줌마가 더더욱 싫어졌다.

"지난번에 감기약 사러 갔을 때 보니까 행복약국 아줌마의 아랫배가 볼록하던데, 혹시 아기 가진 것 아닐까?"

1교시 쉬는 시간 종이 울리자 유나가 내 옆자리에 앉더니 귓속말로 속삭였다. 평상시에는 아침에 학교에 같이 올 때를 제외하고는 유나와 시간을 보내기가 힘들다. 쉬는 시간이 되면 유나는 다른 아이들한테 둘러싸여 있기 때문이다. 나는 내 자리에서 유나를 힐끔힐끔 쳐다보는 것으로 만족했다. 그런 유나가 쉬는 시간을 알리는 종이 울리자마자 내 자리로 와서 속삭였다.

"정말?"

꺼림칙한 말이었지만 내심 유나가 반갑기도 했다.

"내 짐작이 맞다면, 임신 3개월은 되었을걸. 우리 작은엄마도 임신 3개월째 접어들었는데 똥배처럼 배가 살짝 나와서 자세히 봐야 알 수 있거든."

유나의 눈동자가 호기심으로 반짝거렸다.

"새 동생이 생기면, 아빠도 빼앗기고 너는 찬밥 신세가 될 거야. 아빠가 너를 쓸모없는 짐짝처럼 여기게 될걸."

대화를 나누기에 기분이 좋은 주제는 아니었지만, 어쨌든 유나와 쉬는 시간을 함께 보낼 수 있어서 좋았다.

"나는 집에 많으니까 이거 너 써."

행복약국 앞에서 유나가 생리대를 내밀었다. 눈짐작으로 보아 대여섯 개는 될 것 같았다.

"고마워."

생각하지도 못한 생리대가 생기자 세상을 얻은 기분이었다. 역시 나에게 마음을 써 주는 사람은 유나밖에 없다는 생각이 들었다. 유나와 헤어져 행복약국 안으로 들어갔다. 전에는 본체만체했는데 저절로 아줌마 배로 눈길이 갔다. 유나의 말처럼 아랫배가 볼록한 것 같았다. 아기를 가진 것이 분명해 보였다. 아줌마에게 확실하게 물어볼 수도 있지만, 나는 물어보지 않기로 마음을 정했다. 아줌마의 배가 수박만큼 불러 와도 끝까지 모른 척할 생각이다. 아줌마도 새 동생도 인정하고 싶지 않으니까.

"저녁 먹어라."

행복약국에서 보는 아빠는 다른 사람이 된 것 같았다. 매일 밤 늦게 들어오던 아빠의 모습은 온데간데없고 저녁 7시가 되기도 전에 들어왔다. 엄마가 차려 준 밥만 먹던 아빠가 손수 저녁상을 차리고 설거지와 청소까지 했다. 저녁은 아빠와 단둘이 먹었다. 아줌마는 약국 문을 닫고 8시 이후에 혼자 먹었다.

아빠가 요리를 할 줄 아는 사람이라고 한 번도 상상해

본 적이 없었기 때문에 앞치마를 두른 아빠의 모습은 외계인을 보는 것처럼 신기했다. 아빠가 만든 계란말이는 깜짝 놀랄 만큼 맛난 건 아니었지만, 못 먹을 만큼 최악의 맛도 아니었다. 그럭저럭 먹을 만했다.

"많이 먹어."

아빠가 들릴 듯 말 듯 작은 목소리로 말했다. 나에게 미안한 마음이 담겨 있는 목소리였다. 아빠가 미안해하는 모습을 보자 바위처럼 단단하게 뭉쳐 있던 마음이 스르르 풀어지려고 했다. 그때 머릿속에서 유나의 목소리가 들렸다.

"새 동생이 생기면 너는 아빠도 빼앗기고 찬밥 신세가 될 거야. 아빠가 너를 쓸모없는 짐짝처럼 여기게 될걸."

나는 밥숟가락을 탁 소리 나게 내려놓고 방으로 들어와 문을 닫았다. 새 동생, 찬밥 신세, 짐짝…… 생각만으로도 끔찍했다. 아빠가 유나보다도 못하게 여겨졌다. 지진이 일어나듯 마음이 심하게 흔들리기 시작했다. 실금이 가 있던 아빠와의 관계가 쩍 갈라지는 것 같았다.

"똑똑똑!"

조심스러운 노크 소리가 들렸다. 노크 소리만으로 아줌

마라는 것을 알 수 있었다. 나는 잽싸게 침대 위로 몸을 던졌다. 그러고는 두 눈을 질끈 감고 잠든 척 연기했다. 아줌마가 무언가를 내 책상 위에 놓고 방문을 닫았다. 아줌마의 발소리가 멀어지는 것을 기다려 책상으로 다가갔다.

반짝이는 선물 상자가 놓여 있었다. 뚜껑을 열었더니 생리대와 생리 팬티, 브래지어, 그리고 돈 봉투가 담겨 있었다. 부족하지도 넘치지도 않을 만큼 지금 나한테 딱 필요한 것들이 담겨 있었다. 만약에 축하 카드나 꽃다발, 케이크와 함께였다면 던져 버렸을 것이다. 나는 빈 책상 서랍에 선물 상자를 넣었다. 생리대가 넉넉해지니 낯선 불청객을 맞이한 듯 불안하던 마음이 서서히 잦아들었다. 그때 불쑥 머릿속에서 유나의 목소리가 들렸다.

"진짜 엄마들은 안 그래. 새엄마라서 그런 거야!"

진짜 엄마라면 어땠을까? 첫 생리를 당당히 밝히고 축하 선물과 카드, 축하 꽃다발과 케이크, 마지막으로 축하금을 당당히 요구했을 것이다. 무엇보다 이렇게까지 마음고생을 하지 않아도 되었을 것이다.

"진짜 엄마들은 안 그래. 새엄마라서 그런 거야!"

유나의 말이 머릿속에서 빙글빙글 맴돌았다. 잦아들던 마음이 다시 소용돌이치기 시작했다.

아빠와 엄마, 행복약국 아줌마, 새 동생……. 모든 것이 뒤죽박죽 엉망진창이었다. 차라리 복잡하고 어려운 수학 문제라면 좋겠다고 생각했다. 안 풀리면 통째로 외워 버리면 그만이니까.

벼랑 끝으로 내몰린 것 같은 기분

"우리 마을을 소개하는 신문을 만들어서 제출하세요."

선생님이 모둠 활동으로 마을 신문 만들기 숙제를 내주었다. 그 순간 나는 마음속으로 기도했다.

'하느님, 부처님, 행운의 네잎클로버님. 제발, 제발, 제발…… 유나와 같은 모둠이 되게 해 주세요.'

반에서 유나 외에는 친하게 지내는 아이가 없었다. 그래서 유나와 한 모둠이 되는 일이 나에게는 세상의 모든 신과 행운을 끌어들일 만큼 중요한 문제였다. 다행히 기도가 통했는지 바라던 대로 유나와 같은 모둠이 되었다. 나는 뛸 듯이 기뻤다. 이제 내 인생은 유나가 없으면 안 될 것 같았다. 모둠끼리 회의 시간이 주어졌다.

"먼저 모둠 리더를 정하는 게 어때?"

고은이가 제안했다.

"나는 유나가 리더가 되면 좋겠어."

기다렸다는 듯이 유나를 리더에 추천했다. 하민이는 물론이고 모두가 대찬성을 했다. 만장일치로 유나가 모둠 리더가 되었다. 입꼬리가 올라간 것을 보니 유나도 싫지 않은 모양이었다. 그동안 유나가 나에게 베풀어 준 우정에 보답을 한 것 같아 뿌듯했다.

"지역 신문의 주제를 무엇으로 정하면 좋을지 자기 생각을 말해 줘."

유나가 모둠 아이들을 빙 둘러보면서 말했다. 조금 전까지만 해도 소란스럽던 분위기가 정지 버튼을 누른 것처럼 조용해졌다. 유나가 모둠 아이들 얼굴을 한 사람씩 쳐다보았다. 어떤 의견이라도 좋으니 누가 말을 좀 해 달라는 간절한 눈빛이었다. 나는 유나를 돕기 위해 무슨 말이든 해야 한다는 사명감에 사로잡혔다. 입을 막 열려던 참이었다.

"흠…… 고은아, 네 생각은 어때?"

유나가 고은이를 쳐다보며 물었다.

"글쎄……."

고은이가 어깨를 으쓱해 보였다.

"하민이 너는?"

유나의 지목을 받은 하민이도 대답을 피했다.

"내 생각에는 말이야, 마을에 있는 맛집을 소개하면 좋을 것 같아."

유나가 말했다.

"맛집은 너무 흔하지 않아? 모르긴 몰라도 맛집을 주제로 정한 모둠이 하나 이상은 될걸. 게다가 자칫하면 맛집을 좋아하는 아이와 싫어하는 아이의 의견이 서로 갈릴 수도 있어. 그보다 마을에 전해 내려오는 설화를 주제로 신문을 만들면 어떨까? 산, 강, 나무, 바위에 얽혀 있는 이야기를 소개하면 좋을 것 같아. 인터넷으로 문화원 홈페이지에 들어가면 자료도 어렵지 않게 찾을 수 있을 거야."

나는 유나를 돕기 위해 적극적으로 의견을 말했다. 사실 나는 이야기에 관심이 많았다. 마을에 전해 내려오는 설화는 평소에 내가 궁금해하는 내용이기도 했다. 나와 같은 궁금증을 가진 아이들을 위해서 마을 설화를 소개하면 좋을 것 같았다.

"쳇, 요즘 옛날이야기에 누가 관심을 갖겠니?"

유나가 싸늘하게 말했다.

"그래, 맞아. 옛날이야기는 거들떠보지도 않을 거야."

고은이가 유나의 말에 맞장구를 쳤다.

"'현지인만 아는 맛집!'이라는 제목을 붙이면 아이들의 눈길을 사로잡을 수 있을 거야."

하민이는 한발 더 나아가 유나의 의견에 제목까지 뽑아냈다. 이쯤 되면 주제가 정해진 것이나 다름없었다.

"그럼 맛집 소개를 무질서하게 하기보다 한식, 양식, 중식으로 구분을 해서 실으면 어떨까? 뒤죽박죽 섞여 있는 것보다 자기가 좋아하는 음식 기사를 찾아볼 수 있게 정리하면 필요한 정보를 얻는 데 도움이 될 것 같아."

나는 머릿속에 있는 이런저런 정보들을 긁어모아 아이디어를 냈다.

"각자 자기가 좋아하는 음식점 이름을 말해 봐."

내 의견을 무시한 채 유나가 고은이와 하민이를 쳐다보

면서 물었다.

"나는 통큰통닭을 제일 좋아해."

하민이가 말했다.

"통닭은 통큰통닭이 최고지! 반반치킨을 주메뉴로 소개하면 되겠다."

유나가 하민이 의견에 살을 붙였다.

"코끼리분식집 앞을 지날 때마다 떡볶이 냄새를 맡는데, 먹어 보지는 않았지만 맛있을 것 같더라."

나는 행복약국에 온 후 음식을 아직 사 먹어 본 적이 없었다. 그렇다고 아무 말도 하지 않고 있기가 멋쩍어서 한마디 보탰다.

"우리 모둠 이름을 걸고 만드는 신문인데 냄새만으로 맛집 기사에 실을 수는 없어. 너희들 생각은 어때?"

유나가 고은이와 하민이에게 물었다. 그러자 고은이와 하민이가 고개를 끄덕였다.

"엉뚱한 소리를 해서 미안해."

나는 아이들 앞에서 사과했다. 그러자 아이들이 큰 소리로 웃었다. 괜히 유나를 도우려다가 아이들에게 웃음거리만 된 것 같았다.

"나는 우리 마을에서 파는 음식 중에 목욕탕 앞에서 파는 황금붕어빵을 제일 좋아해."

고은이가 침을 꼴깍 삼키면서 말했다.

"어머, 황금붕어빵이 그렇게 맛있어? 기회가 되면 나도 꼭 먹어 보고 싶다."

나는 모둠 아이들과 친해지기 위해 고은이의 의견에 맞장구를 쳤다. 유나가 그런 나를 보고 웃었다. 그런데 무언가 이상했다. 분명히 얼굴은 웃고 있는데 어딘지 모르게 비웃는 듯한 느낌……. 나는 유나의 표정에서 무언가 잘못되었다는 것을 느낄 수 있었다.

"노릇노릇하게 구운 우리 마을 황금붕어빵은 전국에서 최고일걸!"

유나가 웃으면서 고은이의 의견을 거들었다. 분명히 조금 전에 나에게 보였던 웃음과는 다른 웃음이었다. 나는 어떻게든 유나를 돕기 위해 회의 시간에 머리를 쥐어짰다. 그런데 내가 무슨 말을 해도 유나는 별다른 반응을 보이지 않았다. 어이없어하는 표정만 지을 뿐이었다. 그러자 고은이와 하민이도 나를 투명 인간 취급을 했다.

주먹으로 때리거나 욕설을 하지 않았지만 나를 무시하는 표정, 눈빛, 몸짓만으로도 나는 몸과 마음에 상처를 입었다. 버려진 알루미늄 음료수 캔처럼 찌그러지는 기분이 들었다.

"회의록에 빠진 내용은 없는지 확인해 봐."

유나가 정리한 회의록을 내밀었다.

"보나 마나 잘 정리했겠지. 리더, 오늘 고생 많았어."

고은이와 하민이는 회의록을 보지도 않고 인사말을 했다. 하지만 나는 회의록에 빠진 내용은 없는지, 만약에 유나가 놓친 부분이 있으면 도움을 주고 싶어 회의록을 펼쳤다. 한눈에 보기에도 회의록은 깔끔하게 잘 정리가 되어 있었다. 그런데 이상한 점이 있었다. 다른 아이들 의견은 정리가 되어 있는데, 내가 냈던 의견은 한 줄도 기록되어 있지 않았다. 심지어 모둠 명단에도 내 이름이 빠져 있었다.

"내 이름이 명단에서 빠져 있어."

나는 유나를 바라보았다.

"어머, 회의를 진행하느라 정신이 없었어."

유나는 별일 아니라는 듯이 모둠 명단에 내 이름을 적기 위해 허리를 숙였다.

"그런데 전학생, 네 이름이 뭐였더라? 갑자기 생각이 안 나네."

유나가 얼굴 가득 웃음을 머금은 채 물었다. 나는 로봇처럼 몸이 뻣뻣하게 굳었다. 하민이와 고은이가 구경하듯이 그런 나를 뚫어져라 바라보았다. 아이들 앞에서 발가벗겨진 것처럼 기분이 이상했다.

"나미래."

나는 겨우 내 이름 석 자를 뱉어 냈다.

"목소리가 좀 이상하다. 너 혹시 화났어?"

유나가 나를 향해서 물었다.

"화난 것 아니야. 화난 것처럼 들렸다면 미안해."

불에 덴 것처럼 얼굴이 화끈거렸다. 쥐구멍에라도 숨고 싶었다.

"잠깐 화장실에 다녀올게."

불편한 상황을 피하기 위해 나는 화장실로 갔다. 찬물로 세수를 한 다음 화장지로 얼굴을 닦았다. 하지만 화장실에 오래 숨어 있을 수는 없었다.

"전학생 너무 나대지 않냐? 앞뒤도 맞지 않는 이상한 생각들을 아이디어라고 저 혼자 신나서 떠들고 말이야."

복도까지 유나의 목소리가 들렸다. 유나를 도와주고 싶은 마음에 이 말 저 말 했던 것인데, 나름 열심히 생각해서 한 말이었는데, 심장이 와르르 무너지는 기분이었다.

"유나야, 할 말이 있으면 나한테 직접 해 줘. 나 없는 데서 험담하지 말고."

자리에 앉으면서 유나에게 말했다. 물론 커다란 용기가 필요했다. 하지만 그냥 넘어갈 수는 없었다. 오늘 유나에게 충분히 당할 만큼 당했으니까.

"전학생, 다른 사람 말을 몰래 엿들은 네가 더 이상해. 그리고 험담이라니? 누가? 내가? 완전 기분 나쁘다."

사과는커녕 자기 말을 몰래 엿들었다는 비난이 쏟아졌다. 유나는 자신의 말에 동의를 구하는 듯 하민이와 고은이를 쳐다봤다.

"유나 말이 맞아. 네가 회의를 방해한 건 사실이잖아."

고은이와 하민이가 약속이나 한 것처럼 유나의 편을 들

었다. 복도까지 들릴 정도로 큰 소리로 떠들어서 우연히 듣게 된 것인데 험담을 한 사람은 잘못이 없고, 그것을 따진 내가 나쁜 아이가 되었다.

"별것도 아닌 일을 가지고 뭘 그렇게 예민하게 굴어. 네가 그러니까 친구가 없는 거야. 나니까 너랑 친구 해 주는 줄 알아."

나는 벌을 서는 아이처럼 유나 앞에서 고개를 숙였다. 다른 모둠 아이들마저 힐끔힐끔 나를 쳐다보았다. 어디에도 내 편은 없는 것 같았다. 슬프기보다 외로웠다. 벼랑 끝으로 내몰린 것 같은 기분이 들었다.

고장 난 브레이크처럼

3교시 내내 모둠 회의 때 있었던 일을 계속 생각했다.

'내가 좀 예민한 편인가?'

고은이와 하민이, 그리고 반 아이들 모두 유나의 편을 드는 것으로 보아 내가 지나치게 예민하게 군 것 같기도 했다. 쉬는 시간에 유나에게 정식으로 사과해야겠다고 마음먹었다.

"유나야, 내가 좀 예민했던 것 같아. 친구 사이에 그런 것도 이해 못 하고 내가 속이 좁았어. 미안해."

나는 유나에게 사과했다.

"그래서 하는 말인데 너 좀 이상해. 복잡한 가정 문제 때문인 거 이해되긴 하지만 지나치게 예민한 것 같아. 그래서 다른 아이들이 너를 멀리하는 거야. 너한테는 친구가 나밖에 없는데 나와 사이가 틀어지면 너 혼자 다니고 밥도 혼자 먹어야 할 텐데 큰일이다."

유나의 말을 듣고 보니, 모두 맞는 말 같았다. 그리고 나 때문에 기분이 상했으면서도 혼자 밥을 먹게 될 내 걱정까지 해 주니 고마운 마음이 들었다. 유나의 말처럼 혼자서 밥을 먹느니 차라리 굶는 편이 나았다. 혼자 밥을 먹으면, 왕따라는 사실을 전교생에게 알리는 꼴이 된다. 상상만으로도 끔찍했다.

점점 말과 행동이 조심스러워졌다. 공부보다도 유나의 표정을 유심히 살피며 내가 한 말이나 행동이 괜찮았는지 생각해 보고 반성하는 데 많은 시간을 썼다. 덩달아 혹시 나 때문에 유나가 기분이 상하지 않았는지 하루 종일 있었던 일을 되감기하며 추측하는 버릇까지 생겼다.

점심시간에 유나와 밥을 먹는데 아이들이 나를 힐끔거리며 귓속말을 했다. 무언가 내가 모르는 일이 일어나고 있다는 것을 알 수 있었다. 느낌이 별로 안 좋았다.

"지금 아이들 사이에 네 아빠와 행복약국 아줌마 이야기가 돌고 있어."

급식실에서 돌아와 자리에 앉자 짝꿍 수호가 무표정한 얼굴로 말했다. 듣는 순간, 심장이 멎을 만큼 엄청난 일을 수호는 아무렇지도 않게 덤덤하게 말했다.

아빠와 행복약국 아줌마 이야기는 유나밖에 모르는 이야기였다. 그것도 내가 직접 말해 준 게 아니고 지난번에 내 책가방에서 생리대와 함께 꺼내 갔던 일기장에 적혀 있는 이야기를 보고 유나가 추측한 거였다. 나는 어떻게 해야 할지 몰라 잠자코 있었다.

"유나야, 네가 아이들에게 우리 아빠와 행복약국 아줌마에 대해 이야기했어?"

나는 조심스럽게 유나에게 물었다.

"응."

유나가 태연하게 대답했다.

"어떻게 그걸 소문낼 수 있어?"

"아이들한테 말하면 안 되는 거야?"

"그걸 꼭 말로 해야 아니? 당연한 거잖아."

"너 참 말을 이상하게 한다. 네가 비밀로 해 달라고 말한 적 없잖아. 그래서 말을 해도 되는 줄 알고 한 건데 왜 나를 나쁜 사람으로 만드니? 나는 너를 도와주려고 한 말인데, 그게 그렇게 잘못한 일이니?"

유나가 의기양양하게 따져 물었다. 이번에도 유나의 말이 맞았다. 비밀로 해 달라고 내 입으로 말한 적이 없었다. 하지만 어떻게 친구의 가슴 아픈 상황을 떠벌리고 다닐 수 있을까? 그동안 입이 근질근질해서 어떻게 참았을까? 진짜 친구라면 그럴 수 없다. 유나 때문에 이제는 숨기고 싶어도 더 이상 숨길 수가 없게 되었다. 아이들이 수군거리는 것으로 보아 앞으로의 학교생활이 캄캄했다.

이번 일로 내가 얼마나 큰 상처를 받았는지 유나는 이해하지 못할 것이다. 유나가 너무나 얄미워서 한 대 때리고 싶은 마음까지 들었다. 억울하고 분하지만, 제대로 따질 수도 없었다. 유나의 말처럼 비밀로 해 달라고 한 적이 없으니까.

유나의 말에는 마법의 힘이 존재하는 것 같았다. 사람을 옴짝달싹못하게 만들었다. 잘못은 유나가 했는데도 오히려 상대방으로 하여금 사과를 하게 만든다. 마법에 홀린 듯 항상 내가 사과를 하는 것으로 결말을 맺게 된다.

유나의 말을 듣고 있으면 다른 사람이 문제가 아니라 내가 지나치게 예민하고, 친절을 베푸는 친구에게 못되게 구는 나쁜 아이라고 믿게 된다. 무엇보다 유나의 말은 나를 위해서 하는 말처럼 들리지만, 결국에는 유나에게 이익이 된다.

유나에게 대적할 만한 적당한 말을 찾으려고 머릿속을 뒤졌지만 헛수고였다. 가슴이 답답해졌다. 시간이 느리게 흐르는 것 같았다.

"그리고 네가 착각하고 있는 것 같아 알려 주는데, 소문이든 뭐든 우리 반 아이들은 너한테 큰 관심이 없어. 나니까 너에게 관심을 가져 주는 거라고."

그렇다. 나에게 관심을 가져 주는 친구는 유나뿐이었다.

"내가 또 예민하게 굴었어. 미안해."

결국 나는 유나에게 사과를 하고 말았다. '미안해'라는 말을 더 이상 하고 싶지 않았지만, 고장 난 브레이크처럼 멈출 수가 없었다.

"뭐라고? 목소리가 너무 작아서 안 들려!"

유나의 목소리가 교실에 쩌렁쩌렁하게 울려 퍼졌다. 못 들었을 리가 없는데…….

"정말 미안해!"

나는 하는 수 없이 우리 반 아이들이 다 들을 정도로 큰 목소리로 사과했다.

"다음부터는 조심해. 항상 우리 관계를 망치는 것은 너야. 사사건건 예민하게 구는 게 얼마나 피곤한 일인지 아니? 이래서 네가 친구가 없는 거야."

"그래. 유나 네 말이 맞아."

나는 유나의 말을 순순히 받아들였다. 이렇게 하지 않으면 유나와 더는 친구를 할 수 없을 것 같았다. 나는 벌을 서는 아이처럼 유나가 사과를 받아 줄 때까지 참을성 있게 기다렸다.

"우리 초록문구점에 잠깐 다녀올까?"

드디어 유나의 마음이 풀린 모양이었다.

"그래, 좋아."

유나와 나는 초록문구점으로 향했다. 점심시간이 얼마

남지 않았기 때문에 서둘러 다녀와야 했다. 다른 아이들이 보는 가운데 유나와 나란히 걷자 구름 위를 걷는 것처럼 기분이 들떴다. 내 엉덩이에 꼬리가 달렸다면 프로펠러처럼 신나게 쌩쌩 돌았을 것이다. 마침 행복약국 아줌마한테 받은 용돈이 있어 다행이었다.

유나는 딸기가 달린 샤프를 골랐다. 보자마자 첫눈에 반한 듯했다. 반면 나는 필통을 고르는 데 쉽게 결정을 못 하고 있었다.

'어떤 필통이 좋을까? 철제 필통은 시끄러운 소리가 나니까 천으로 된 필통이 낫지 않을까? 하지만 천으로 된 필통은 때가 타서 금방 지저분해지는데…….'

2천 원짜리 필통을 고르는데도 마음이 갈팡질팡했다. 철제 필통을 선택해 놓고도 내 판단에 의심이 갔다. 철제 필통을 내려놓고 천으로 된 필통을 집어도 '내 선택이 맞나?' 하고 의심이 갔다. 어느 쪽이든지 내 선택을 믿기가 힘들었다.

필통 하나조차 고르지 못하는 내가 바보 같았다. 예전에는 이러지 않았는데 왜 이렇게 된 건지 모르겠다. 이것도 다 내가 예민해서 그런 걸까?

"철제 필통이 예쁘니까 그것으로 해."

보다 못한 유나가 결정을 내려 주었다. 유나 말이 맞는 것 같았다. 다시 보니 천으로 된 필통보다 철제 필통이 훨씬 예쁜 것 같았다. 역시 유나는 보는 눈이 남다르다는 생각이 들었다. 나는 사과의 뜻으로 유나가 고른 샤프의 값까지 같이 치렀다. 유나는 그럴 줄 알았다는 듯이 당연하게 샤프를 받았다.

학교가 끝나고 모둠 활동으로 맛집 인터뷰를 하기로 했다. 하민이와 고은이 모두 유나와 한 팀이 되고 싶다고 떼를 쓰는 바람에 편 가르기로 짝을 정했다. 그 결과 고은이와 유나가 한 팀이 되고, 나는 하민이와 한 팀이 되었다. 유나를 좋아하는 하민이는 나와 한 팀이 되자 바람 빠진 풍선처럼 어깨가 축 처졌다.

"나는 영어 학원이 끝나야 시간을 낼 수 있으니까 그냥 너는 빠져. 영어 학원이 끝나는 대로 나 혼자 인터뷰를 하면 돼."

영어 학원이 끝날 때까지 기다리겠다고 했지만 하민이

는 누군가 기다리고 있으면 마음이 불안해서 공부한 게 머릿속에 들어오지 않을 것 같다면서 사양했다. 하는 수 없이 나는 행복약국으로 왔다. 지금 상황을 리더가 알아야 할 것 같아서 유나에게 전화를 걸었다.

"그러니까 하민이 혼자 인터뷰를 갔다는 말이지?"

유나가 되물었다.

"응."

"결론적으로 너는 인터뷰에 빠졌다는 말이네?"

"그렇다니까."

"인터뷰 명단에 네 이름을 올려 달라는 거야?"

"그래도 돼?"

"하민이가 혼자 갔기 때문에 너는 인터뷰 내용을 전혀 모르겠네?"

"하지만 나는 인터뷰에 참여하려고 했……."

여기까지 말했을 때였다.

"다른 사람이 말할 때는 말 뚝뚝 끊어먹지 마!"

유나가 소리를 지르며 나를 나무랐다. 말은 유나가 끊은 것 같은데……. 억울했지만 나는 하려던 말을 꿀꺽 삼켰다.

"인터뷰 내용도 하민이가 정리하는 수밖에 없겠다."

"그거야 그렇지."

유나가 같은 말을 여러 번 되물었다. 덩달아 나도 같은 대답을 여러 번 해야 했다. 그 밖에도 몇 가지 내용을 유나가 꼬치꼬치 캐물었다. 묻고 대답하기를 수십 번 하다 보니 전화 통화가 15분 정도 이어졌다.

"유나야, 왜 그렇게 계속 물어보는 거야? 좀 이상해."

내 생각을 유나에게 말했다.

"또 예민하게 나온다. 이상하기는 뭐가 이상해. 이상한 건 바로 너야. 너와 대화하다가 나까지 정신이 이상해질 것 같아."

유나가 짜증을 냈다. 나는 잠시 말문이 막혔다.

"그래도 뭔가 이상해."

"내가 이상하다는 거야? 너 때문에 나 상처받았어."

"네가 같은 걸 계속 물어서 그런 거잖아. 왜 나 때문에 네가 상처를 받았다는 거니?"

"너 정말 집요하다."

정작 화를 낼 사람은 나인데 유나가 더 크게 화를 냈다.

유나 때문에 상처를 받은 것도 나인데 오히려 나 때문에 자신이 상처를 받았다면서 분통을 터트리고 있었다.

"같은 질문을 두 번, 세 번 반복해서 묻는 네가 집요한 것 아니야?"

"네가 지나치게 감정적으로 나와서 도무지 대화가 안 통한다. 통화 녹음 파일 보내 줄 테니까 누가 더 이상한지 확인해 봐."

유나가 신경질적으로 전화를 끊었다.

'통화 녹음이라고?'

내가 미처 이해하기도 전에 곧바로 녹음 파일이 전송되었다. 나는 녹음 파일을 재생했다. 그제야 꼬치꼬치 캐묻던 유나의 행동이 이해가 갔다. 꼬투리를 잡기 위해 일부러 유도 심문을 한 것이었다. 녹음이 된다는 사실을 모르는 나는 유도 심문에 넘어가 인터뷰에 빠졌다는 것을 사실대로 말하고, 인터뷰에 참석한 것으로 명단에 올려 달라는 요구를 하고 있었다. 거기다 유나는 지나치게 예민하다는 둥 집요하다는 둥 감정적이라는 둥, 일부러 나를 자극해서 흥분하게 만들기까지 했다. 차분한 목소리의 유나와 달리 나는 흥분해서 목청을 높이고 있었다. 마치 도둑이 제 발 저리는 것처럼 보였다. 말할 수 없이 억울하고 분한 마음이 들었다.

게다가 녹음 파일에는 하민이의 요청에 의해 인터뷰를 빠지게 된 내용이 빠져 있었다. 앞부분이 빠진 녹음 파일 내용이 공개된다면 나는 선생님과 아이들에게 이기적이고 꼼수만 부리는 아이로 비춰질 테고, 철저하게 혼자가 되어 남은 학교생활이 고달파질 것이다. 유나와의 관계가 전혀 예상하지 못한 방향으로 흘러가고 있었다. 멈추고 싶지만 멈출 수가 없었다. 고장 난 브레이크처럼.

예민하고, 집요하고, 무책임한 애

무거운 마음으로 학교에 갔다. 백 번, 천 번, 만 번을 생각한 끝에 나는 유나에게 가서 모둠에서 빠지겠다는 의사를 밝혔다.

"넌 정말 예민하고, 집요하고, 무책임한 애구나."

유나가 어처구니없다는 표정을 지었다.

'유나의 말처럼 내가 정말 예민하고, 집요하고, 무책임한 아이인지도 몰라.'

유나의 말이 머릿속을 휘젓기 시작했다. 나에 대한 믿음에 금이 가기 시작하면서 스스로가 의심되기까지 했다.

"아무리 그래도 통화 녹음은 아니지. 친구끼리 누가 그래?"

나는 용기를 짜내어 겨우 말했다.

"얘 좀 봐. 또 나를 나쁜 사람으로 만드네. 통화 녹음이 불법도 아닌데, 너야말로 지나치게 예민한 거 아니야? 내 말이 언제 틀린 적 있어?"

유나는 어떤 상황에서도 의기양양했다. 그리고 상대방이 옴짝달싹못하게 맞는 말만 했다. 사실 어젯밤 고수 앱에 통화 녹음에 대한 질문을 올렸었다. 그런데 상대방에게 동의를 구하지 않고 통화 녹음을 한 것은 불법이 아니라는 답변이 돌아왔다. 다만 통화 녹음 파일을 다른 사람에게 공개하면 불법이라고 했다. 유나가 통화 녹음 파일을 다른 사람에게 공개하지는 않았으니 불법은 아니다. 나는 유나에게 뭐라고 대적할 말을 찾을 수가 없었다.

"너랑 대화하는 거 정말 피곤하다. 항상 우리 관계를 망치는 것은 바로 너야!"

정작 화를 낼 사람은 나인데 유나가 더 크게 화를 냈다. 유나의 화는 좀처럼 수그러들지 않았다. 유나의 따지는 말에 내 생각이 옳다고 자신 있게 설명할 수가 없어 깊은 절망감이 느껴졌다.

'내가 너무 예민한 건가? 내가 피곤한 아이인가?'

유나의 말처럼 내가 정말 그런 아이일까 봐 겁이 났다. 몸에서 힘이 빠져나가는 것 같았다. 지우개로 지운 그림의 연필 자국처럼 스스로가 희미해져 가는 느낌이었다. 점점 나 자신을 잃어가고 있는 것 같았다.

수아와 현주가 지금 내 모습을 본다면 뭐라고 할까? 수아와 현주는 솔직하게 자신의 생각과 의견을 말하면서도 상대방을 비난하거나 탓하지는 않았다. 서로 생각이나 성격이 다른 것도 인정하고 있는 그대로의 모습을 받아들여 주었다.

수아와 현주를 떠올리자 방전된 장난감 인형에 새 건전지를 갈아 끼운 것처럼 온몸에서 힘이 솟구쳤다. 나를 아끼고 사랑해 준 수아와 현주를 위해서라도 나 자신을 지켜야겠다고 마음을 굳게 먹었다.

"통화 녹음은 불법을 떠나서 상대방에 대한 예의 문제야. 관계를 망치는 건 내가 아니라 바로 너야!"

나는 단호하게 말했다. 말을 끝마쳤을 때 쿵쿵쿵 심장이 튀어나올 것처럼 힘차게 뛰었다. 그러면서도 '모둠에서 빠지는 나의 행동이 무책임한 것일까?', '이만한 일로 모둠에서 빠지는 것이 맞을까?' 내가 내린 선택에 대해 믿음이 가지 않아 조마조마했다.

하지만 통화 녹음만 가지고 모둠에서 빠지겠다는 결정을 내린 것은 아니다. 호의라고 생각한 행동들이 사실은 악의였다는 것에 큰 충격을 받았다. 무엇보다 유나가 나에게 했던 말을 떠올릴 때마다 마음속에서 수치심이 올라와 참기 힘들다는 점이 결정적이었다.

'내가 틀린 게 아니야!'

나는 흔들리는 마음을 다잡으며 교무실로 향했다.

"정당한 이유가 있어야 모둠을 바꿔 주지. 정당한 이유가 없이 너만 바꿔 줄 수는 없어. 그랬다가는 다른 아이들도 이런저런 이유를 들어 모둠을 바꿔 달라고 조를지도 모르잖니."

선생님은 이렇게 말하며 이유를 물었다. 통화 녹음이 정당한 이유가 될 수 있을까? 내 판단이 틀렸으면 어쩌지? 이제라도 없었던 일로 할까……. 마음이 갈팡질팡했다. 하지만 유나의 말과 행동이 잘못이라고 말하지 않는다면 언제든지 똑같은 일이 일어날 수 있을 것이다. 나와 똑같은 아픔을 겪는 아이가 생겨날 수도 있다. 나는 심장에 용기를 불어넣듯이 숨을 크게 들이마셨다.

"그 이유는 모둠 리더인 유나에게 이미 밝혔어요. 유나랑은 도저히 같은 모둠을 할 수 없어요."

나는 어렵게 입을 뗐다. 잠시 무거운 침묵이 흘렀다. 나에게 원하는 답변을 듣기 어렵다고 판단했는지 선생님은 유나를 불렀다.

"유나야, 미래가 모둠을 바꾸어 달라고 하는데 어떻게 된 일이니?"

조금 전 내 앞에서 통화 녹음이 불법도 아닌데 뭐가 문제냐면서 당당하게 소리치던 유나가 선생님 앞에서는 입을 꾹 다물었다.

"미래가 너한테는 이유를 밝혔다고 하는데, 말해 봐."

나는 통화 녹음에 대해 유나가 자신의 입으로 밝히기를 바랐다. 선생님과 유나 사이의 공기가 팽팽해졌다. 눈싸움을 하듯 서로 마주 보았다.

"그게, 미래랑 하민이가……."

하는 수 없다는 듯 유나가 입을 열었다. 피할 수도 숨길 수도 없게 된 유나는 통화 녹음 이야기까지 털어놓았다.

"최유나, 통화 녹음이 불법은 아니지만 네가 잘못했어. 상대방의 동의를 구하지 않은 녹음 파일은 법정에서 증거 자료로 받아들이지 않아. 왜 그런 줄 아니?"

"……."

유나는 할 말은 많은데 참는 것 같았다. 뾰로통한 표정으로 입술만 잘근잘근 깨물었다.

"상대방을 유도 심문하거나 일부러 화를 돋워 욕설을 하게 만드는 등 상황을 자신에게 유리하게 조작할 수 있기 때문이야. 통화 녹음을 하려면 녹음 전에 상대방의 동의를 구해야만 해. 그것이 예의야. 유나 너는 예의를 지키지 않았을 뿐만 아니라 오히려 미래에게 잘못을 뒤집어씌우고 비난했어. 그 과정에서 미래에게 많은 상처를 줬다는 걸 알아야 해."

휘유! 선생님의 말에 나도 모르게 숨을 깊게 내쉬었다. 유나의 말처럼 내가 예민하고, 집요하고, 무책임한 아이가 아니어서 천만다행이었다.

"……."

유나는 계속해서 못마땅한 표정을 풀지 않은 채 잠자코 듣기만 했다. 그런 유나를 향해 선생님이 마지막으로 한마디 보탰다.

"유나야, 잘못을 했을 때는 빨리 사과를 하는 게 가장 좋아. 사과를 너무 오래 미루면 상황이 계속 나빠지거든."

그동안 좁은 상자 안에 갇힌 것처럼 옴짝달싹못했는데 선생님 덕분에 억울함이 풀린 것 같았다.

"저도 모둠 바꿔 주세요!"
"저도요!"

내가 모둠을 바꾸자, 선생님이 예상했던 상황이 벌어졌다. 아이들이 너도나도 모둠을 바꿔 달라고 아우성을 쳤다.

"모둠을 바꾸고 싶은 이유를 아이들 앞에서 말해 보렴. 다 같이 듣고 나서 다수결로 정하자."

선생님은 아이들에게 정당한 이유를 말해 보라고 했다. 아이들은 희망에 부풀어서 너도나도 이유를 말했다. 대부분의 이유가 친한 친구와 같은 모둠을 하고 싶어서, 모둠

구성원 중 한 아이와 싸워서, 마음이 잘 맞지 않아서, 그냥 이유 없이 어떤 아이가 싫어서……. 갖은 이유를 댔지만 한 명도 받아들여지지 않았다.

센스 없는 애, 나대고, 엉뚱하고, 예민하고, 집요하고, 무책임하고, 항상 관계를 망치는 이상한 성격을 가진 피곤한 애……. 유나의 목소리가 메아리처럼 들려왔다. 유나와 친해지려면 못되게 굴어도 참아야 한다고 여겼다. 그동안 유나에게 영혼을 빼앗기고 있었는데도 나는 그 사실을 알아차리지 못했다.

지나간 시간이여, 안녕!

"드디어 찾았다!"

"삼총사 완전 합체!"

수업을 마치고 교문을 나오는데 수아와 현주가 와락 달려들었다. 얼마나 세게 껴안았는지 뒤로 벌러덩 넘어질 뻔했다. 수아와 현주의 등 뒤로 엄마의 모습이 보였다. 엄마와 함께 온 모양이었다.

"어떻게 알고 왔어? 학교는 또 어떻게 하고? 나한테 화나지 않았어?"

묻고 싶은 말이 끝없이 많았다.

"나미래, 이별을 할 때도 예의를 지켜야 하는 거 몰라?

이렇게 예의가 없는 아이인 줄 알았으면 너와 친구 하지 않았을 거야."

현주가 볼멘소리를 했다.

"현주 말이 맞아. 이 세상에는 수많은 종류의 사랑이 존재해. 그만큼 수많은 종류의 이별이 존재하지. 수많은 이별 공식 중에서 '잠수 이별'은 가장 최악이야. 학교에도 안 나타나고, 전화도 안 받고, 문자를 해도 답장도 안 하고 잠수를 타 버리면 어떻게 해. 최소한 헤어지는 이유라도 말해 줬어야지. 당하는 우리 입장은 생각 안 해? 우리가 너한테 그런 존재밖에 안 되는 것 같아 허무했어."

사랑이 어쩌고, 이별이 어쩌고…… 또 시작이었다. 수아의 사랑 타령. 그런데 그 순간 머리를 탁 치는 생각이 있었다. '잠수 이별'은 내가 엄마에게 겪었던 이별 방식이었다. 아무런 이유를 설명해 주지 않으니 영혼이 뽑혀 나가는 것 같았다.

'내가 무엇을 잘못한 것일까?'

'도대체 우리 집에 무슨 일이 일어난 것일까?'

'나는 과연 엄마한테 어떤 존재일까?'

그렇게 비참한 경험은 처음이었다. 엄마가 다가와 들릴락 말락 한 목소리로 말했다.

"미래야, 그동안 엄마 원망 많이 했지? 미안해. 엄마가 네 생각은 못 하고 엄마 생각만 했어. 아무리 힘들어도 그러면 안 됐는데. 엄마가 비겁했던 것 같아."

엄마가 고개를 떨어뜨렸다.

"비겁하기만 한 게 아니라 엄마는 이기적이야! 어떻게 엄마 생각만 할 수 있어!"

나는 엄마를 향해 두 눈을 부릅떴다. 그동안 참아 왔던 눈물이 팡 터졌다. 아무리 참으려고 해도 눈물이 폭포수처럼 쏟아졌다. 코끼리가 심장을 밟고 지나가는 것처럼 아팠다. 몸에 있는 물기가 다 빠져나갈 때까지 울었다.

"네가 사라진 후 아침저녁으로 수아와 함께 너희 집 초인종을 눌렀어. 며칠째 굳게 닫힌 문이 안 열리더라. 그래서 편지를 썼어. 이별에도 예의를 지켜야 한다고 썼지."

현주가 나를 찾기까지의 이야기를 담담하게 했다.

"잠수 이별이 우리에게는 너무나 아픈 이별이라고, 이해해 줄 테니까 이유라도 말해 달라고 썼어."

수아가 현주의 말을 거들었다. 평소에는 강하다가 무슨 문제가 생기면 숨는 사람이 있는가 하면, 평소에는 약한 듯한데 문제가 생기면 강해지는 사람이 있다. 수아와 현주가 그랬다.

평소에는 별것도 아닌 일로 유치하게 티격태격하더니만 나를 찾기 위해 우리 집 초인종을 누르고 편지를 쓰고…… 나를 끝까지 포기하지 않은 친구들이 고마웠다.

"아침저녁으로 초인종을 백 번도 넘게 눌렀을 거다. 집 정리하느라 집에 며칠 있었는데 초인종 소리를 더는 무시할 수가 없었어. 거의 고문에 가까웠거든……."

엄마가 우리 삼총사를 향해 조용히 미소를 지어 보였다.

"이별을 할 때 예의를 지켜야 한다는 걸 수아와 현주가 편지로 깨우쳐 주었어. 너에게 아무런 설명 없이 이별을 택한 내 행동이 몹시 부끄러웠어. 이제라도 엄마가 왜 아빠와 너를 이곳으로 보냈는지 알고 싶다면 설명해 줄게."

나는 대답 대신 고개를 끄덕였다.

"이야기가 좀……."

엄마는 아빠와 행복약국 아줌마 이야기를 수아와 현주

앞에서 해야 할지 망설이는 것 같았다. 나는 수아와 현주를 바라보았다. 괜찮았다. 수아와 현주한테는 아무것도 숨기고 싶지 않았다. 내가 고개를 끄덕이자 엄마가 어렵게 말을 꺼냈다.

"아빠가 다니는 제약 회사에서 암세포를 죽이는 신약 개발에 성공했나 봐. 약이 시중에 판매되기 시작하자 불티나게 팔리기 시작했어. 그 모습을 본 아빠가 그동안 저축한 돈과 집을 담보로 대출까지 얻어서 회사 주식에 투자했는데, 마치 기다렸다는 듯이 때마침 신약의 부작용이 뉴스에 보도되면서 회사가 부도 위기까지 몰리게 된 거야. 주식이 휴지 조각이 되자, 대출 이자를 못 갚게 되고 엎친 데 덮친 격으로 집이 경매에 넘어갔어. 아빠는 정리 해고까지 당했는데 나는 그 사실을 한참 뒤에 알게 되었지. 한 달 안으로 집을 비워 줘야 하는데, 통장까지 법원에 압류되어 돈도 없고……. 외할머니 집으로 들어가는 것은 아빠가 죽기보다 싫다고 해서 새 집을 마련하고 다시 모여 살 수 있을 때까지 떨어져서 살기로 정한 거지. 엄마는 외할머니 집에서, 너와 아빠는 고모 집에서 지내기로 했단다."

"고모라고?"

나는 놀라서 소리를 버럭 질렀다. 나한테 고모가 있다는 말을 한 번도 들어 본 적이 없었다. 그런 내 마음을 알아차린 엄마가 말을 이어 갔다.

"아빠와 고모는 보육원에서 자랐는데, 어느 날 고모가 입양되는 바람에 헤어지게 되었대. 보육원에서는 여자, 남자 기숙사가 따로 분리되어 있어서 아빠는 고모가 입양되었다는 사실을 뒤늦게 알게 되었나 봐. 미리 알려 줬더라면 하나뿐인 여동생과 이별의 말이라도 나누었을 텐데 아빠도 준비 없는 이별을 맞은 거지. 아빠와 고모가 너무 어린 탓에 충격을 받을까 봐 보육원에서 배려한 결정이었는데, 아빠는 어른이 된 지금까지 고모와 그렇게 떨어진 것을 가슴 아파하며 살았어. 어느 정도 시간이 흘렀을 때 고모를 입양한 양부모에게서 연락이 왔대. 고모가 아빠를 만나고 싶어 한다고. 그런데 아빠가 거절했대. 아빠도 고모가 보고 싶었지만, 혹시 고모가 새로운 가정에 적응하지 못할까 봐 고모를 위해서 참고 참았대. 만남을 거절당한 고모는 오빠에게 버림받았다고 생각해서 더는 만나자는 연락을 하지 않았고. 그렇게 연락이 끊어지고 말았는데, 우연히 고모가 약사가 되었다는 말을 듣고 아빠가 전국에 있는 약국을 돌아다녔단다. 먼발치에서라도 한 번 보고 싶어서……."

미지수, 그러니까 내가 구한 X의 값은 틀렸다. 그런데 오히려 틀린 답이어서 기뻤다.

"진작 말해 줬더라면 다 이해했을 텐데……."

괜히 미루어 짐작하고, 오해하고, 오답을 정답이라고 믿었다. 안고 있던 커다란 바윗덩어리를 내려놓은 것처럼 마음이 홀가분해졌다. 날아가는 새처럼 자유로운 기분이 들었다. 나는 엄마한테 버림받은 것이 아니었다. 뿌리째 뽑혀 나간 것 같던 영혼이 다시 땅속 깊숙이 뿌리를 내리기 시작했다. 영혼의 뿌리가 아무 일도 없었던 때보다 오히려 더 힘차게 흙을 움켜쥐었다. 우리 가족에게 찾아온 시련을 이제는 이겨 낼 수 있겠다는 믿음이 생겼다.

행복약국, 그러니까 고모네 집에서 삼총사는 참았던 수다 보따리를 풀었다. 숨 쉴 틈 없이 그동안 참은 이야기들을 쏟아 내고, 이야기 도중에 의견 충돌로 티격태격 말씨름도 빼먹지 않았다.

"미래 네가 없어서 입에 거미줄 치는 줄 알았다니까."

수아가 나에게서 눈을 한시도 안 뗐다. 부담스러우니 그만 좀 보라고 해도 듣는 척도 안 했다. 그동안 속 썩인 것 보상하려면 참고 견뎌야 한다는 말만 되풀이했다. 말은 그렇게 하면서도 수아의 눈빛을 받으니 봄날의 따듯한 햇살을 받는 것처럼 심장이 말랑말랑해지는 것 같았다.

"가스라이팅이네!"

그동안 겪었던 유나와의 일을 이야기하자, 현주가 흥분해서 자리에서 벌떡 일어섰다.

"가스라이팅이라고?"

나와 수아가 두 눈을 동그랗게 뜨면서 동시에 물었다. 가스라이팅이라는 말을 뉴스에서 들은 것 같은데 그때는 관심이 없어 그냥 흘려들었다.

"가스라이팅은 다른 사람의 마음과 기억을 교묘하게 조종해서 스스로를 의심하게 만드는 거야. 가스라이팅을 당하는 사람은 자신의 판단력을 의심하게 되고 급기야 자신을 믿을 수 없게 되지. 자기 자신을 믿지 못하기 때문에 어떤 결정을 내려야 할 때도 '이게 맞는 걸까?' 하고 결정을 내리기가 어렵게 돼. 연필처럼 사소한 물건을 고를 때도 결정을 내리지 못하고 결국 다른 사람에게 결정을 내려 달라고 부탁을 하게 되는 거야. 쉽게 말해서 상대방의 심리를 자기 마음대로 조정하는 거지."

지난번에 문구점에서 필통을 고를 때가 생각났다. 철제 필통과 천 필통을 두고 결정을 하지 못하자 유나가 대신 결정을 내려 주었다. 물건을 고를 때뿐만 아니라 대화를 할 때도 엉뚱한 말을 해서 꼬투리를 잡힐까 봐 겁이 났다. 모든 일이 나 때문이라고 생각해서 "미안해."라는 말을 입에 달고 살았고 유나와 좋은 친구 관계를 맺기 위해 잘하려고 애썼다.

"나미래, 네가 어디에 있더라도 우리의 관계는 달라지지 않아."

소중한 보물을 껴안듯이 수아가 나를 꼭 껴안았다.

"떨어져 있어도 우린 삼총사야!"

현주도 나를 꼭 껴안아 주었다. 수아와 현주를 만나니 알 것 같았다. 있는 그대로의 모습을 좋아해 주는 친구와 함께 시간을 보내는 것이 얼마나 행복한 일인지, 나 자신을 잃어가면서까지 우정을 구걸할 필요가 없다는 것을.

나는 아프고 힘들었던 지난날들과 당당하게 이별했다.

지나간 시간이여, 안녕!